Mein Deutsch-Abitur

Kursheft 13/1

Literatur und Sprache von 1945 bis zur Gegenwart

Unter der Drachenwand | Katz und Maus | Wirklichkeits- und Zeitbezüge individueller Erfahrungen junger Menschen in literarischer Gestaltung | Literarische Figuren zwischen Überzeugung, Anpassung und Aufbegehren | Erzählerische Auseinandersetzung mit Schuld und Verantwortung, Erinnern und Vergessen | Selbst- und Fremdbestimmung | Auseinandersetzung mit der Eltern-Generation

Sprache und Sprachgebrauch reflektieren

Tendenzen in der deutschen Gegenwartssprache | Sprachwandel | Sprache als Instrument politischer und gesellschaftlicher Interessen | Öffentlicher Sprachgebrauch | Rhetorik | Die deutsche Sprache unter dem Einfluss der digitalen Medien

Erarbeitet von:
Wilhelm Borcherding
Stefan Schäfer

Ernst Klett Verlag
Stuttgart · Leipzig · Dortmund

Das vorliegende Heft ist abgestimmt auf folgende Textausgaben:

Arno Geiger: Unter der Drachenwand. München: Hanser 2018
ISBN 978-3-446-25812-9
Diese Ausgabe ist seitengleich mit der Taschenbuchausgabe bei dtv, sodass beide Textausgaben im Unterricht kompatibel sind.

Arno Geiger: Unter der Drachenwand. München: dtv 2019
ISBN 978-3-423-14701-9

Günter Grass: Katz und Maus. Eine Novelle. München: dtv 2014
ISBN 978-3-423-14347

1. Auflage 1 5 4 3 2 1 | 25 24 23 22 21

Alle Drucke dieser Auflage sind unverändert und können im Unterricht nebeneinander verwendet werden.
Die letzte Zahl bezeichnet das Jahr des Druckes.

Autoren: Wilhelm Borcherding, Spenge; Stefan Schäfer, Lörrach

Entstanden in Zusammenarbeit mit dem Projektteam des Verlages.

Umschlag und Layoutkonzeption: normaldesign GbR Jens-Peter Becker, Schwäbisch Gmünd
Satz: Schaltwarte | Medienbüro, Leipzig; PER Medien + Marketing GmbH, Braunschweig
Reproduktion: Meyle + Müller GmbH + Co. KG, Pforzheim
Druck: AZ Druck und Datentechnik GmbH, Kempten/Allgäu

Printed in Germany
ISBN 978-3-12-310082-6

9 783123 100826

Vorwort

Liebe Schülerinnen und Schüler,

das vorliegende Kursheft **Mein Deutsch-Abitur** begleitet Sie in diesem Halbjahr und bereitet Sie optimal auf Ihre Abiturprüfung im Fach Deutsch vor.
Das Heft ist einfach aufgebaut, damit Sie sich schnell zurechtfinden. Jedes Kapitel verfolgt ein übergreifendes **Ziel**. Den **Lernweg** dahin finden Sie jeweils auf der ersten Kapitelseite. Darauf folgt die schrittweise Erarbeitung der prüfungsrelevanten Lektüren und Inhalte. Zusätzliche **PLUS-Aufgaben** bieten Ihnen Ideen zur Weiterarbeit und zur ausführlicheren Auseinandersetzung mit dem Thema. Unter der Rubrik **Wissen** finden Sie alle Lerninhalte prägnant zusammengefasst, die für das Verständnis der Texte und Aufgaben und Ihr Abitur wichtig sind. **Tipps** zu Arbeitstechniken und Methoden und **Sprachtipps mit Formulierungsbausteinen** helfen Ihnen bei der konkreten Arbeit im Deutschunterricht.
Jedes Kapitel endet mit der Seite **Mein Wissen sichern und anwenden**. Damit können Sie erlangte Kompetenzen und erarbeitetes Wissen überprüfen und anwenden.
In **zwei Schreibtrainings** zeigen wir Ihnen anhand einer Beispielaufgabe, wie Sie schriftliche Prüfungen gezielt in sechs Schritten angehen.
Damit Sie Ihr Arbeitsheft ganz nach Ihren eigenen Wünschen für die Abiturvorbereitung nutzen und erweitern können, bieten wir es **gelocht und zum Heraustrennen** an.
In Ihrem eigenen Hefter können Sie so weitere Materialien und eigene Ausarbeitungen ergänzen und Ihr **persönliches Kursheft – Mein Deutsch-Abitur** – zusammenstellen.

Wir wünschen Ihnen viel Erfolg bei der Arbeit mit Ihrem Kursheft und
natürlich für Ihre Abiturprüfung!

Notizen

1 „Unter der Drachenwand" – Handlung und Figuren

lein ernweg

A Die Literatur von 1945 bis heute
Die literarischen Strömungen seit dem Zweiten Weltkrieg kennenlernen

B Handlung und Figurenkonstellation
Inhaltsübersichten und weitere Skizzen anfertigen

C Veit Kolbe – Die Hauptfigur
Die Entwicklung einer dynamischen Figur verfolgen

D Veits und Margots (familiäres) Umfeld
Die Denk- und Verhaltensweisen der Nebenfiguren kennenlernen

E Widerständler und Opfer
Die Überzeugungen des Brasilianers und Oskar Meyers analysieren

Wie lebt sich das Leben – nach fünf Jahren Krieg?

Drei junge Leute wissen nicht mehr, wie es weitergeht. Der Soldat Veit, ausgelaugt vom Krieg. Die Lehrerin Margarete mit ihren aus Wien verschickten Mädchen. Und die junge Margot mit ihrem Baby. Sie treffen am Mondsee, in der Nähe von Salzburg, unter der Drachenwand aufeinander. Was sie teilen, ist die Hoffnung, dass irgendwann wieder das Leben beginnt.
Ein Roman des Jahres 1944, über den einzelnen Menschen und die Macht der Geschichte, über die Toten und die Lebenden.

„Dieses Buch ist ein Ereignis."
Manfred Papst, *Neue Zürcher Zeitung*

„Ein Glanzstück der Gegenwartsliteratur"
Dirk Knipphals, *die tageszeitung*

Arno Geiger: *Unter der Drachenwand*. Buchcover (2019)

DTV GmbH & Co. KG, München

1 Beschreiben Sie zunächst das Coverbild.

2 Lesen Sie dann den Titel und den Klappentext. Welche Erwartungen wecken Bild, Titel und Text bei Ihnen? Fassen Sie sie stichwortartig zusammen.

3 Stellen Sie dar, ob und inwiefern die beiden Kurz-Rezensionen Ihre Erwartungshaltung beeinflussen.

4 Tauschen Sie sich abschließend untereinander über die bei Ihnen geweckten Erwartungshaltungen aus.

A Die Literatur von 1945 bis heute

Die literarischen Strömungen seit dem Zweiten Weltkrieg kennenlernen

Ein wesentliches Problem der Literaturgeschichtsschreibung nach dem Zweiten Weltkrieg stellen die schnellen Wechsel der Epochen und literarischen Strömungen sowie ihre Bezeichnungen und Abgrenzungen voneinander dar.

Die **Nachkriegsliteratur** (1945–1949) wurde beherrscht von zwei widerstreitenden Gruppierungen von Autorinnen und Autoren. Auf der einen Seite standen jene, die während der Herrschaft der Nationalsozialisten in Deutschland geblieben waren und sich in die „innere Emigration" zurückgezogen hatten. Zu dieser Gruppe gehörten u.a. Ricarda Huch (1864–1947) und Erich Kästner (1899–1974). Ihnen standen die Autorinnen und Autoren gegenüber, die aus Deutschland geflohen und ins Exil gegangen waren, z.B. Heinrich (1871–1950) und Thomas Mann (1875–1955), Bertolt Brecht (1898–1956) und viele mehr. Vertreter der ersten Gruppe forderten die im Exil lebenden Schriftsteller auf, nach Deutschland zurückzukehren, um die demokratische Entwicklung in den Westzonen zu unterstützen. Die bekanntesten Exil-Autoren kamen dieser Aufforderung jedoch nicht nach, sie siedelten sich meist im benachbarten Ausland an.

Wie wenig aussagekräftig manche Bezeichnungen für die Literatur nach 1945 zum Teil waren, zeigt sich an der Formulierung vom sogenannten **„Nullpunkt"**. Denn bei genauerem Hinsehen stellte sich heraus, dass sowohl Schriftsteller als auch Politiker an die Programme und Überzeugungen aus der Spätphase der Weimarer Republik anknüpften. Thematisch ging es vor allem um die Aufarbeitung des Krieges und seine mentalen, gesellschaftlichen und kulturellen Folgen, um die Schuldfrage sowie den Holocaust, den barbarischen Völkermord an den Juden.

1949 gewann die ebenso irreführende Bezeichnung **„Kahlschlagliteratur"** an Zuspruch. Aber wie es keinen „Nullpunkt" gegeben hatte, kam es in der Literatur ebenfalls nicht zum „Kahlschlag", in dem man auf Wörter und Begriffe verzichtete, die wegen der Vereinnahmung durch die Nationalsozialisten ideologisch belastet waren. Ab 1952 erlangte Heinrich Bölls Bezeichnung **„Trümmerliteratur"** für die neue Ausrichtung der Literatur für einige Jahre an Bedeutung. Neben Heinrich Böll (1917–1985) zählen unter anderem Wolfgang Borchert (1921–1947), Max Frisch (1911–1991) und Günter Eich (1907–1972) zu ihren bekanntesten Vertretern.

Für ein Jahrzehnt (ab 1955 bis etwa 1965) dominierte dann die literarische Kritik an den ihrer Meinung nach falschen gesellschaftlichen Entwicklungen. Die Autoren bemängelten, dass zunehmend Egoismus und privater Konsum das Denken der Menschen leitete. Einige Schriftsteller (allen voran Heinrich Böll) thematisierten in ihren Werken die Verbrechen der NS-Zeit und der Wehrmacht. Sie warnten deshalb vor allem vor einer Wiederbewaffnung und der Einführung der allgemeinen Wehrpflicht.

64 → Zu einer nachhaltigen politischen und gesellschaftlichen Umorientierung führten die Studentenbewegung und die außerparlamentarische Opposition (Ende der 60er, anfangs der 70er Jahre), die sich auch in der Literatur widerspiegelten. Die Auto-

Ricarda Huch:
Herbstfeuer. Gedichte (1944)

Erich Kästner:
Notabene 45 (1961)

Heinrich Mann:
Der Untertan (1918)

Thomas Mann:
Deutsche Ansprache (1930)
Mario und der Zauberer (1930)

Bertolt Brecht:
Furcht und Elend des Dritten Reiches (1937/38)

Heinrich Böll:
Wanderer, kommst du nach Spa … (1950)

Wolfgang Borchert:
Draußen vor der Tür (1947)

Max Frisch:
Andorra (1961)

Günter Eich:
Abgelegene Gehöfte. Gedichte (1948)

ren, wie z. B. Peter Weiss (1916–1982), verschrieben sich nunmehr der schonungslosen Aufarbeitung der NS-Vergangenheit, indem sie eine breite gesellschaftliche Debatte über die aktive und passive Verstrickung weiter Teile der deutschen Bevölkerung in die Verbrechen der Nationalsozialisten forderten. Bis dahin war eine solche bedingungslose Aufklärung der gesellschaftlichen Umstände, die den Aufstieg der Nationalsozialisten, ihre Machtergreifung und letztlich den Zweiten Weltkrieg und den Völkermord an den Juden ermöglichten, unter dem Vorwand unterblieben, dass zunächst der Wiederaufbau oberste Priorität haben solle. Vor allem jüngere und politisch engagierte Autoren kritisierten den nach wie vor weit verbreiteten Versuch der Verharmlosung und Relativierung der Verbrechen, die in der nationalsozialistischen Vergangenheit begangen worden waren. Zahlreiche Autorinnen und Autoren, wie z. B. Günter Grass (1927–2015), verfassten gesellschaftskritische Werke und/oder engagierten sich in oder für politische Parteien.

Peter Weiss:
Die Ermittlung (1965)

Günter Grass:
Die Blechtrommel (1959)

Die „Gegenströmung" die **„Neue Subjektivität"** wurde durch die Rückkehr zur Innerlichkeit geprägt, was dazu führte, dass man diese Phase (1975–1985) auch als „Neue Innerlichkeit" bezeichnete. Innerhalb dieser Strömung erschienen vermehrt Bücher von jungen Frauen, darunter Verena Stefan (1947–2017) und Karin Struck (1947–2007), in denen sie Themen der sogenannten **„Frauenliteratur"** (Gleichberechtigung und weibliche Lebensentwürfe) behandelten.

Verena Stefan:
Rauh, wild & frei. Mädchengestalten in der Literatur (1997)

Diese Epoche wurde zu Beginn der 90er Jahre von der **Postmoderne** (1990 bis zur Gegenwart) abgelöst. Sie gilt gleichzeitig als das Ende der Moderne (1890 – ca. 1990). Eine genaue Beschreibung der Merkmale dieser Epoche ist nicht möglich, da keine zusammenhängende Theorie existiert. Die bekanntesten Autoren, u. a. Patrick Süskind (geb. 1949), Bernhard Schlink (geb. 1944) und Peter Stamm (geb. 1963), gehen artistisch mit den rhetorischen Figuren und sprachlichen Erscheinungsformen um. Nicht selten berufen sie sich auf historische Ereignisse und bedienen sich literarischer Anspielungen, so dass häufig Werke entstehen, die intertextuelle Bezüge aufweisen. Innerhalb dieses Zeitraums ist am Ende des 20. Jahrhunderts die Tendenz zur **Popliteratur** entstanden, in der vor allem jüngere Autorinnen und Autoren wie Christian Kracht (geb. 1966), Alexa Henning von Lange (geb. 1973) und Benjamin von Stuckrad-Barre (geb. 1975) auf sich aufmerksam gemacht haben. Merkmale ihrer Werke sind vor allem die Ich-Bezogenheit der Figuren und deren Suche nach der eigenen Identität in einer Gesellschaft, in der alles möglich scheint und kein allgemein anerkannter Wertekanon Orientierung und Sicherheit bietet. Die Hauptfiguren der Popliteratur konsumieren nicht selten Drogen und Alkohol, sie reisen um die Welt und leben ziellos in den Tag hinein. Ihre Ausdrucksweise ist geprägt von umgangssprachlichen Wendungen und Versatzstücken der jeweils aktuellen Jugendsprache.

Patrick Süskind:
Das Parfüm (1985)

Bernhard Schlink:
Der Vorleser (1985)

Peter Stamm:
Agnes (1998)

Christian Kracht:
Faserland (1995)

Alexa Hennig von Lange:
Relax (1997)

Benjamin von Stuckrad-Barre:
Soloalbum (1998)

Nur wenig später erscheinen Werke, die sich mit **interkulturellen** Themen beschäftigen, wobei gegenwärtig ein größeres Interesse an der sogenannten **Migrationsliteratur** festzustellen ist.

Die Teilung Deutschlands (1945/1949–1989) führte in Ost- und Westdeutschland zu unterschiedlichen Entwicklungen der Literatur. Die Autorinnen und Autoren in der Sowjetisch besetzten

Zone (SBZ), wie etwa Anna Seghers (1900–1983) und Johannes R. Becher (1891–1953) setzten sich zunächst für die Überwindung der Folgen des Krieges und die Auseinandersetzung mit den Folgen der nationalsozialistischen Ideologie für den gesellschaftlichen Wiederaufbau ein. Sie engagierten sich für die Errichtung einer antifaschistischen und sozialistischen Gesellschaft, die die Werte Freiheit und Gleichheit propagierte.
Zwischen 1949 und 1961 wurde die Literatur zu einem Mittel, um den Aufbau einer sozialistischen Gesellschaftsform in der DDR voranzubringen. In den Werken, die die Prinzipien des **sozialistischen Realismus** (Volkstümlichkeit, Parteilichkeit und Realismus) aufwiesen, porträtierten die Kunstschaffenden „vorbildliche Personen", die sich mit ganzer Kraft für die Errichtung und Durchsetzung des neuen Gesellschaftssystems einsetzen.
Auf die Errichtung der Berliner Mauer und den Beschluss des Politbüros, seine Bürgerinnen und Bürger notfalls mit Gewalt am Passieren der deutsch-deutschen Grenze zu hindern, reagierten Menschen in beiden deutschen Staaten mit Bestürzung und Entsetzen, lief doch diese autoritäre Durchsetzung des „real existierenden Sozialismus" in der DDR dem Ideal eines freien, gleichberechtigten sozialen Miteinanders zuwider. Die Machthaber hatten den Schreibenden auf der „Bitterfelder Konferenz" bereits 1959 vorgegeben, sich in ihren Dichtungen auf die Arbeitsbedingungen und -abläufe der Werktätigen zu konzentrieren. Die Hauptfiguren stellten dementsprechend vor allem junge Menschen dar, die die „Vorteile" des bestehenden Gesellschaftssystems genießen und für den weiteren Ausbau plädieren.
Mit der Propagierung der „entfalteten sozialistischen Gesellschaft" (1971–1990) ließen die Parteifunktionäre auch eine behutsame literarische Kritik an den Verhältnissen in der DDR zu. Zu den bekanntesten Autoren zählten Ulrich Plenzdorf (1934 bis 2007) und Christa Wolf (1929–2011). Es kam zur Herausbildung von Formen des fantastischen Realismus und des autobiografischen Schreibens. Wer jedoch zu sehr den Sozialismus kritisierte oder dessen Zielen gar widersprach, musste damit rechnen, aus der DDR „ausgebürgert" zu werden. Dieses Schicksal traf ab 1976 u.a. Wolf Biermann (geb. 1936) und Sarah Kirsch (1935–2013).
In den letzten Jahren lässt sich beobachten, dass Autorinnen und Autoren aus Deutschland und Österreich sich wieder häufiger mit Themen der nationalsozialistischen Vergangenheit und dem Holocaust auseinandersetzen. Sie wollen damit die Erinnerung an „die dunklen Jahre" wachhalten und mit ihren Möglichkeiten dafür sorgen, dass sich solche Verbrechen nicht wiederholen.

Anna Seghers:
Der Mann und sein Name (1952)

Johannes R. Becher:
Verteidigung der Poesie. Vom Neuen in der Literatur (1952)

Ulrich Plenzdorf:
Die neuen Leiden des jungen W. (1968/73)

Christa Wolf:
Der geteilte Himmel (1963)

Wolf Biermann:
Für meine Genossen. Hetzlieder, Gedichte, Balladen (1972)

Sarah Kirsch:
Erdreich. Gedichte (1982)

1 Stellen Sie fest, wann und unter welchen Vorzeichen das Thema „Vergangenheitsbewältigung" in den verschiedenen Epochen und Strömungen in den beiden deutschen Teilstaaten behandelt worden ist.

2 Am 8 Mai 1945 endete der Zweite Weltkrieg mit der Kapitulation der deutschen Wehrmacht. Zum 75. Jahrestag fanden 2020 zahlreiche Gedenkveranstaltungen statt, mit denen an dieses Ereignis erinnert wurde. Informieren Sie sich im Internet über die Inhalte und Schwerpunkte dieser Veranstaltungen. Recherchieren Sie, ob in Ihrer Nähe auch Erinnerungsveranstaltungen stattgefunden haben.

B Handlung und Figurenkonstellation

Inhaltsübersichten und weitere Skizzen anfertigen

1 Erstellen Sie während Ihrer Lektüre des Romans eine Übersicht über den gesamten Handlungsverlauf, wie es die Vorlage vorsieht.

Vorlage für die Handlungs- und Inhaltsübersicht

Abschnitt Seiten	Ort(e)	Zeit	Auftretende Personen	Handlungsschritte Inhalt	Schlüsselwörter
1 S. 7–21	Front am Dnjepr (Ostfront)	November 1943 2.12.1943 Vor Weihnachten 1943	• Veit Kolbe • Verwundete • Sanitätspersonal	Veit wird verwundet und in ein Lazarett nach Deutschland (Saarland) zurückgebracht und behandelt. Er erhält Genesungsurlaub und kehrt zu seinen Eltern nach Wien zurück.	Überleben S. 7, 8, 21
2 S. 22–31	Wien	Kurz vor Weihnachten Weihnachten Nach Weihnachten Neujahrstag 1944	• Veit • Eltern • [Hilde] • Onkel Johann	Ansichten des Vaters Verlorene Jahre (Zeit) Veits Ansichten über den Krieg Vater-Sohn-Konflikt Abreise nach Mondsee	Ansichten zum Krieg S. 22, S. 23, 24, S. 28, 29, 31 S. 31
3 …	…				

2 Stellen Sie die Beziehungen zwischen den Figuren grafisch dar, indem Sie die Skizze mit den weiteren Hauptfiguren (dem Brasilianer, dem Onkel und Nanni) sowie den wichtigsten Nebenfiguren (Margots Mutter, Veits Eltern, Kurt Ritler, Oskar Meyer und seiner Familie sowie Lilo) vervollständigen.

Figurenkonstellation

52 →

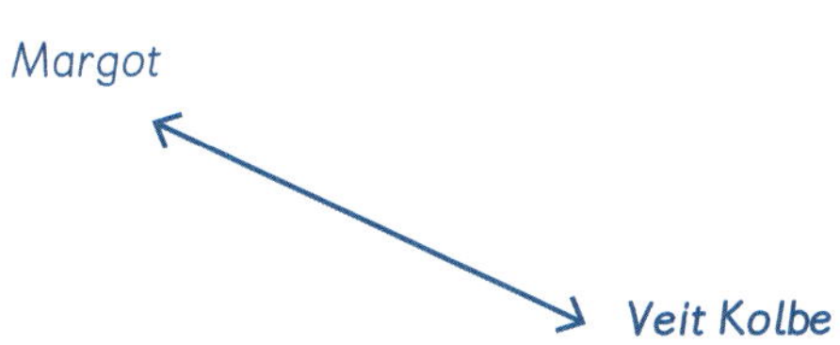

3 Welche Rückschlüsse (Haupterzähler, Hauptschauplatz, …) ergeben sich aus der Handlungsübersicht und der Figurenkonstellation?

4 Nach Abschluss ihrer Lektüre haben Schülerinnen und Schüler ihre Deutungshypothesen schriftlich festgehalten. Schauen Sie sich die verschiedenen Aussagen an und kreuzen Sie die Formulierung an, die Ihrer Meinung am besten auf den Roman zutrifft. Begründen Sie Ihre Entscheidung.

- ☐ 1 *In Arno Geigers Kriegsroman geht es um einen verwundeten Soldaten, der dank der Liebe zu einer jungen Frau in die Normalität des Lebens im Krieg zurückfindet.*
- ☐ 2 *Durch die Multiperspektivität gelingt es Geiger, den Leserinnen und Lesern das Leiden, Leben, Überleben und Sterben von Menschen (Soldaten, Zivilisten und jüdischen Mitbürgern) im Zweiten Weltkrieg vor Augen zu führen.*
- ☐ 3 *In seinem Entwicklungsroman „Unter der Drachenwand" zeigt der österreichische Autor Arno Geiger am Beispiel des Soldaten Veit Kolbe, wie jemand vom Befürworter des Zweiten Weltkrieges durch verschiedene Erfahrungen und durch einen radikalen Meinungswandel zu einem entschiedenen Gegner des Krieges wird.*
- ☐ 4 *Es ist Arno Geiger gelungen, eine Liebesgeschichte zu verfassen, die (beinahe) den Krieg, den Holocaust, die Verbrechen gegen die Menschlichkeit vergessen sowie einen Mittäter und Mitschuldigen zu einem Opfer der Verhältnisse werden lässt.*
- ☐ 5 *Geigers Antikriegsroman erinnert an den II. Weltkrieg und den Holocaust. Er zeigt, wie der Krieg und seine Folgen das menschliche Miteinander zerstören.*

5 Bewerten Sie mit den Notenstufen 1 bis 6, inwieweit der Roman Ihren Erwartungen gerecht geworden ist. Begründen Sie Ihre Notenvergabe.

____

____

____

____

6 Überprüfen Sie Ihre Textkenntnis des Romans, indem Sie die Aussagen den entsprechenden Sprechern und Sprecherinnen zuordnen und den Kontext erläutern, in dem sie jeweils stehen.

Zitat	Sprecher*in	Kurzkommentar zum Kontext	Fundort
Was kann es Besseres geben, als am Leben zu bleiben?	*Nanni*	*Sie ist wütend, dass Veit ihrer Mutter nicht schreiben will.*	*S. 143*
Und trotzdem geht das Leben zwischen Schutt und Asche einen Gang.	*Margot (Darmstädterin)*		
Von einem bestimmten Punkt an wird man uns wieder in Ruhe lassen	*Veit*		
Wir werden den Krieg verlieren.	*Oskar Meyer*		
Mir ist alles egal, ich will leben!	*Lore Neff*		
Es soll sich also niemand einbilden, nur Zuschauer zu sein.	*Veit*		
Was die Familie an Persönlichkeitszerstörung anfängt, setzt der Krieg fort.			

C Veit Kolbe – Die Hauptfigur

Die Entwicklung einer dynamischen Figur verfolgen

Veit Kolbe – Kindheit, Jugend und Leben als junger Erwachsener

1 Untersuchen Sie die Kindheit (Erziehungspraktiken des Vaters) und Jugend / junges Erwachsenenalter (historische Umstände) Veit Kolbes.

Nutzen Sie die folgenden Seiten für Ihre Analyse: 17, 23, 28, 135, 138–140, 225, 302, 437, 473, ...

Kindheit:

Jugend/Heranwachsender:

Veit Kolbe – Der Vater-Sohn-Konflikt

2 Tauschen Sie sich über die folgenden Verhaltensvorschläge eines Konfliktberaters aus. Erörtern Sie dabei, ob einige Punkte verzichtbar sind und untersuchen Sie abschließend anhand dieser Verhaltensvorschläge den Vater-Sohn-Konflikt zwischen Veit und seinem Vater.

Nutzen Sie die folgenden Seiten für Ihre Analyse: 22, 28 f., 46, 224, 429, 436 f., 443, ...

Carsten Vonnoh: 10 Punkte für Väter, die es ernst meinen! (2019)

1. Nimm Deinen Sohn wirklich wahr!
2. Nimm die Emotionen Deines Kindes ernst und hilf ihm dabei, einzuordnen, was es gerade fühlt.
3. Geh davon aus, dass Dein Kind in den ersten Lebensjahren fast immer kooperieren will.
4. Respektiere die Grenzen Deines Kindes!
5. Bestraf ihn nicht!
6. Lass die Neugier, Langeweile und Lust am Entdecken zu!
7. Entschuldige Dich!
8. Achte auf die Atmosphäre und Dich selbst!
9. Übernimm ab sofort die vollste Verantwortung!
10. Sei ein Vorbild!

Quelle: Carsten Vonnoh: 10 Punkte für Väter, die es ernst meinen! (11.04.2019)
Unter: https://www.vaterverantwortung.de/vater-sohn-beziehung-10regeln/ (Zugriff 14.03.2021, gek.)

Veit Kolbe – Der Soldat im Krieg

3 Veit ist sechs Jahre lang Soldat, davon befindet er sich fünf Jahre im Krieg. In diesem Zeitraum verändern sich sein Verhalten und seine Einstellung zum Krieg. Untersuchen und interpretieren Sie seine Äußerungen zu den verschiedenen in der Tabelle genannten Problemkreisen.

Nutzen Sie die folgenden Seiten für Ihre Analysen: 7–10, 13–15, 18, 28 f., 31, 37, 39, 42, 53, 57, 65 f., 73, 81, 176, 180, 199, 210, 215, 220, 280, 313, 323, 326 f., 345, 347, 406, 430, 437, 439, 442, 451–453, 462 f., 475 f., …

Propagandaplakat der Nationalsozialisten zur Rekrutierung junger Männer für den Krieg (ca. 1940)

Süddeutsche Zeitung Photo (Scherl), München

Problemkreis	Äußerungen und Interpretation	Seite
Einstellungen und Ansichten zum Krieg	*„Nur der Krieg bleibt ewig derselbe. Es gibt […] nur noch Krieg, […]. Der Krieg kehrt immer zurück." → Gesetz- oder Regelmäßigkeit; Unausweichlichkeit des Krieges*	*13*
Veits Schwanken zwischen Anpassung und Befürwortung des Krieges und Ablehnung des Krieges	*„Das Durchhaltevermögen des Citroën war in Wahrheit mein eigenes Durchhaltevermögen gewesen, und nie hatte ich die geringste Anerkennung bekommen." → Einsatz für den Krieg*	*15*

Wahrnehmung des Kriegsgeschehens als Augenzeuge	*„[s]onst erleben wir nur Schreckliches." → Betroffener und Beobachter*	*9*
als (Mit-)Täter	*„Der Hauptmann [...] erzählte Dinge [...] die einem früher nicht glaubhaft vorgekommen wären, Exekutionen von Zivilisten auf offener Straße." → Kriegsverbrechen der Soldaten*	*16*
als Opfer	*„[i]ch hatte überlebt." → Überleben, Sichern der Existenz als Erfolg*	*7*
Bekenntnis zu Schuld und Verantwortung	*„[...] fast jeder schleppe von dort [Russland] etwas mit" → Schuldgefühle*	*18*

4 Fassen Sie die Veränderungen in Veits Ansichten über den Krieg auf der Basis Ihrer Recherchen im Text zusammen.

Zunächst hat Veit Kolbe

Veit Kolbe – ein Mörder?

5 Eine Täterschaft Veits im Krieg wird an keiner Stelle ausdrücklich erwähnt. Aber er tötet seinen Onkel (S. 365 f.). In der Sekundärliteratur gibt es zwei unterschiedliche Beurteilungen seiner Tat. Für die eine Partei ist es kaltblütiger **Mord**, die andere Partei deutet Veits Handlung als **Notwehr** und somit als Widerstand gegen die als Unrecht empfundene Verhaftung des Brasilianers. Formulieren Sie aufgrund der nachfolgenden juristischen Definitionen Ihre eigene Position zu Veits Tat.

Aus dem Strafgesetzbuch

§ 211 Mord
Mörder ist, wer aus Mordlust, zur Befriedigung des Geschlechtstriebs, aus Habgier oder sonst aus niedrigen Beweggründen, heimtückisch oder grausam oder mit gemeingefährlichen Mitteln oder um eine andere Straftat zu ermöglichen oder zu verdecken, einen Menschen tötet.

§ 32 Notwehr
(1) Wer eine Tat begeht, die durch Notwehr geboten ist, handelt nicht rechtswidrig.
(2) Notwehr ist die Verteidigung, die erforderlich ist, um einen gegenwärtigen rechtswidrigen Angriff von sich oder einem anderen abzuwenden.

Quelle: §32 u. § 211 Strafgesetzbuch (StGB).
Unter: https://www.gesetze-im-internet.de/stgb/__211.html (Zugriff 14.03.2021, gek.)

Veit Kolbe – Der Traum von der glücklichen Zukunft

6 Veit empfindet „die ganze Traurigkeit seines Lebens“ (S. 47), spürt aber gleichzeitig, „dass [er] wieder zum Leben erwacht[ ]“ (S. 50). Stellen Sie fest, welche Aussagen auf seine Vorstellungen von „einer besseren Welt“ (S. 220) zutreffen.

	richtig	*falsch*
Die Einnahme von Tabletten und Pervitin hilft ihm dabei, die schrecklichen Kriegserlebnisse zu ertragen und neue Hoffnung auf ein besseres Leben in der Zukunft zu schöpfen.	☐	☐
Veit hat die Hoffnung, wieder ein normales Leben führen zu können.	☐	☐
Er freut sich auf ein selbstbestimmtes Leben, das ihm und Margot eigene Gestaltungsspielräume gewährt und die Realisation ihrer gemeinsamen Lebensentwürfe zulässt.	☐	☐

Veit Kolbe – ein Figurenentwurf

Arno Geiger: Unwiderlegbar ist die Gestalt (2018)

In seiner Dankesrede zur Verleihung des Joseph-Breitbach-Preises (2018) hat Arno Geiger die Anlage seiner Figuren erläutert.

Aber grau ist auch die Person, nicht schwarz und nicht weiß. Grau ist das Zwielicht, der Übergang. Meine Figuren befinden sich im Übergang. So ganz wird es bei ihnen nie Tag. Und so ganz wird es bei ihnen nie Nacht. [...]
Wer über Grautöne [in diesem Fall einen Roman mit einem Wehrmachtssoldaten als Hauptfigur] schreibt, setzt sich zwischen die Stühle. Wer sich zwischen die Stühle setzt, landet im Unbequemen. Wo's am unbequemsten ist, da hat die Kunst ihren Platz. [...]
Ich glaube, es beschützt einen, wenn man auf der Hut ist. Überzeugtheit behindert das Denken. Warum noch nachdenken, wenn ich schon überzeugt bin. Deshalb mag ich keine Hundertprozentigen, egal wo sie stehen. Alles Totale ist mir verdächtig. Und so sind meine Figuren keine Hundertprozentigen, sondern Graue, Ausdruck davon, dass auch ich mir nicht sicher bin.
Bloß nicht sitzen bleiben, auch beim Schreiben, auch beim Gestalten von Charakteren. Wer zu lange sitzen bleibt, setzt sich fest, und wer sich festsetzt, wird versessen. Wer von seiner Versessenheit nicht loskommt, wird zum Besessenen. Die Beharrlichkeit der Wörter ist erstaunlich. Extremisten sind besessen, sie kennen nur Schwarz auf Weiß, sie weigern sich, die Welt aus einer andern Perspektive zu betrachten als der eigenen. Deshalb meine Vorliebe für Vielstimmigkeit in Romanen. Deshalb meine Vorliebe für gemischte Charaktere. [...]

Wie mir jede Schwarzweißmalerei nicht behagt, habe ich Vorbehalte gegen das sogenannte Perfekte. [...] Denn alles, was perfekt ist, lebt nicht, ist Ergebnis statt Ereignis, ist Zustand statt Vorgang. [...] Denn das Perfekte ist Endpunkt, ist abgeschlossen, und das Abgeschlossene steht dem Lebendigen entgegen. Alles Lebendige ist in Bewegung, pulsiert, ist mit Schwächen versehen. [...] Meine Figuren taugen etwas durch das, was ihnen fehlt. Dadurch dass ihnen etwas fehlt, sind sie unwiderlegbar.

[...] Wir leben in einer Gesellschaft, die sich im Umgang mit Mängeln schwertut und nach Vollkommenheit strebt. Aber in einer Gesellschaft, die nach Vollkommenheit strebt, sucht man ständig nach Schuldigen, weil die Vollkommenheit sich nicht einstellen will. Angebliche Vollkommenheit – Perfektion – ist in meinen Augen Kitsch, eine künstlich geordnete Welt. Wir finden sie in Liebesromanen, in denen man sofort weiß, mit wem man es zu tun hat, und in Romanen über das Dritte Reich, in denen man sofort weiß, mit wem man es zu tun hat, Schafe und Böcke aufs Strengste geschieden, zum tausendsten Mal über allem die eine und einzige Frage: Was habe ich mit Tätern zu tun? Natürlich nichts! Abbild einer künstlichen Ordnung, die es vorzieht, den Menschen in seiner Vielschichtigkeit zu übersehen. [...]

Meine Bücher versuchen, den Menschen in seiner Vielgestalt und Widersprüchlichkeit sichtbar zu machen. [...]

Das Schreiben eines Romans ist immer ein Hinübergehen. Ausgangspunkt jedes Schreibbeginns ist bei mir die Neugier, der Impuls: Ich verstünde es gerne besser, ich muss hinübergehen. Wüsste ich viel oder sogar sehr viel, dann ließe ich das Schreiben vielleicht.

Quelle: Franz Haas: Laudatio: Der stille Anverwandlungskünstler und Arno Geiger: Dankrede: Unwiderlegbar Ist die Gestalt. Hrsg. v. Akademie der Wissenschaften und Literatur Mainz und Stiftung Joseph Breitbach, Mainz 2019, S. 18–21

7 Arbeiten Sie die Kerngedanken der Dankesrede im Hinblick auf die Figurengestaltung heraus. Beziehen Sie Geigers Überlegungen auf die Hauptfigur Veit Kolbe. Weisen Sie anhand von Textzitaten nach, dass der Autor sich in seinem Roman an seine eigenen Aussagen gehalten hat.

Die Kernaussagen des Textes:

Die Übertragung der Aussagen auf die Figur des Veit Kolbe

Figurenmerkmal	Textnachweis	Seite(n)
Grau, Grautöne	*„Willkommen Grauer!"*	35
Vielstimmigkeit, Vielschichtigkeit		
Gemischte(r) Charakter(e)		
Widersprüchlichkeit		

WISSEN

Figurencharakteristik

Eine Figurencharakterisierung dient dazu, den Leserinnen und Lesern einen detaillierten und differenzierten Einblick in die Denk- und Verhaltensweisen sowie Charaktereigenschaften einer literarischen Figur zu gewähren. Grundlage einer Figurencharakteristik ist in der Regel der gesamte Text, es sollten folgende Aspekte berücksichtigt und erläutert werden:

- **persönliche Daten**, z. B. Name, Alter, Beruf, Herkunft, ...
- **äußere Merkmale**, z. B. Haarfarbe, Augenfarbe, Bewegung, Gesicht, Mimik, Gestik, Sprechgewohnheiten, Größe, Figur, Kleidung, ...
- **äußere Lebensumstände**, z. B. Wohnort, Familienstand, gesellschaftliche Stellung, Zeit, ...
- **Verhältnis zum sozialen Umfeld**, z. B. Geschwister, Eltern, Nachbarn, Freundinnen/Freunde, ...
- **Umgang mit den Mitmenschen/Vorgesetzten**, z. B. Respekt, Freundlichkeit, Akzeptanz, Konflikte, ...
- **innere Merkmale**
  - Charaktereigenschaften, z. B. naiv, selbstbewusst, ...
  - Verhaltensweisen, z. B. charmant, fürsorglich, fair, ...
  - Ideen/Ideologien/Einstellungen/Werte, z. B. Gesellschaft, Politik, Frieden, Krieg, Menschlichkeit, Hilfsbereitschaft, ...
  - Lebensziele/Lebensentwurf, z. B. (materielle) Sicherheit, Wohlergehen, ...
- **Entwicklung einer Figur**: Zu beachten ist, dass die Figuren im Gesamtzusammenhang eines Werkes ihre Einstellung und Handlungsweisen verändern können. In diesem Fall müssen diese Veränderungen in die Charakteristik eingehen. Im Falle von Veränderungen spricht man von einer dynamischen Figur, ansonsten von einer statischen Figur.

Es gibt zwei Möglichkeiten zur Charakterisierung einer Figur:

- **direkte Charakterisierung**: durch die Figur selbst, durch eine andere Figur oder durch die Erzählfigur, deren Gespräche, Kommentare oder Gedanken Rückschlüsse auf die Eigenschaften der zu charakterisierenden Figur zulassen. Zu beachten ist, dass die Äußerungen der Romanfiguren immer subjektiv-wertende Sichtweisen darstellen.
- **indirekte Charakterisierung**: Die Leserinnen und Leser erschließen die Eigenschaften der zu charakterisierenden Figur aus deren Kommunikations- und Verhaltensweisen. Häufig ergeben sich Rückschlüsse über die Kontexte, in denen diese Unterredungen und Handlungsweisen stehen.

Vorschlag für die **Gliederung** einer Figurencharakteristik

- **Einleitung**: Einleitungs- und Übersichtssatz, Überleitung zum Hauptteil
- **Hauptteil**: Persönliche Daten, äußere und innere Merkmale, (Zwischen-)Fazit
- **Schluss**: Einordnung der Figur (Repräsentant einer Zeit, einer sozialen Gruppe, einer Lebensform, ...), persönliche Stellungnahme (zu den Wertvorstellungen und Handlungsweisen der Figur), Eingehen auf unterschiedliche Deutungen der Figur in der Lerngruppe oder in Sekundärliteratur, ...

Tipps für die **Vorgehensweise**

- **Stil**: mit eigenen Worten, sachlich, nüchtern, Verzicht auf Wiederholungen und stereotypen Satzbau
- **Zitate**: angemessene und aussagekräftige Belege, welche die Texte und Aussagen stützen
- **Tempus**: Präsens
- **Vermeidbare Fehler**: keine Inhaltswiedergabe, sondern Charaktereigenschaften herausarbeiten und sich auf die wichtigsten Eigenschaften konzentrieren.

8 Charakterisieren Sie Veit Kolbe auf der Grundlage Ihrer bisherigen Vorarbeiten mithilfe der voranstehenden Hinweise. Sein Verhältnis zu Margot und zu seinem Onkel können Sie zunächst außen vorlassen.

Veit Kolbe – und die Liebe: Margot

9 Noch im Winter hat sich Veit erinnert, dass er nach der Matura (Abitur) überzeugt gewesen sei, „in die Zeit der leidenschaftlichen Gefühle zu treten" (S. 139). Er sei sich sicher gewesen, „fast zu platzen vor lauter Liebe [...], [er] möchte schwören, dass sie in [ihm] angelegt gewesen war." Die Folgen des Krieges haben es seiner Aussage nach verhindert, dass er die Liebe in seinen besten Jahren erleben konnte. Während seines Genesungsurlaubs bietet sich ihm die Gelegenheit, dieses Gefühl mit Margot (der Darmstädterin) nachzuholen.

Untersuchen Sie die wechselseitige Wertschätzung von Margot und Veit.

Nutzen Sie die folgenden Seiten für Ihre Analysen: 132, 161, 196 f., 200 f., 205, 211 f., 280 f., 287, 314, 355, 424, 443, 468, 472, 474, [477]

Was schätzt Margot an Veit?	Was schätzt Veit an Margot?
• *Sie empfindet Sympathie für ihn (S. 132).*	• *Ihre Stimme beruhigt ihn (S. 161).*

10 Ordnen Sie die folgenden Schlüsselwörter dem Verlauf der Entwicklung der Beziehung der beiden zu. Ergänzen Sie den weiteren Verlauf der Beziehung, wobei Sie auch die Aussagen in den Nachbemerkungen berücksichtigen.

Schlüsselwörter: Erste Kontakte (Informationen), Liebesgeständnis, Eheversprechen, …

Erste Kontakte → ( ) → ( ) →
( ) → ( ) → ( )

11 „Ich habe zwei Männer, einen falschen und einen richtigen, und demnächst stehen beide an der Front" (S. 463). Erläutern Sie zunächst kurz, was Margot damit meint. Verfassen Sie anschließend einen Brief Margots an ihre Mutter, in dem sie ihre Zukunftsvorstellungen mit Veit beschreibt und ihre Entscheidung begründet. Gehen Sie dabei auch auf Margots Sorgen ein.

12 Gehen Margot und Veit entgegen ihrer gegenseitigen Beteuerungen nicht völlig offen miteinander um? Setzen Sie sich mit den Fragen auseinander, was Margot über Veits Betrug im Krankenhaus und die Tötung seines Onkels weiß. Nehmen Sie Stellung zum Verhalten der beiden.

13 **PLUS** Veit hat erst später seine Liebe zur Darmstädterin Margot entdeckt. Zunächst galt sein Interesse der Lehrerin Grete Bildstein. Charakterisieren Sie vergleichend die beiden Frauen.

D Veits und Margots (familiäres) Umfeld

Die Denk- und Verhaltensweisen der Nebenfiguren kennenlernen

Johann Kolbe

1 Arno Geiger hat in verschiedenen Interviews immer wieder betont, dass er in seinem Roman ein repräsentatives Figurenensemble für die Zeit des Zweiten Weltkrieges porträtieren will. Dazu gehört auch Veits Onkel Johann Kolbe.
Erstellen Sie auf der Grundlage der Aussagen Veits ein Persönlichkeitsprofil seines Onkels.

Persönlichkeitsprofil von Johann Kolbe

Fakten zur Person	*Johann Kolbe, männlich, um die 60 Jahre alt, wohnhaft in Mondsee, beleibt (S. 36);*
Tätigkeit(en)	*Postenkommandant (Bezeichnung in Österreich für den Leiter einer Polizeidienststelle) in Mondsee (S. 29),*
Merkmale/ Interessen	*Kettenraucher und Genussmensch (S. 36),*
Lebensziele	
Einstellungen zum Nationalsozialismus und zum Krieg	

WISSEN

Opportunist
Als Opportunisten bezeichnet man eine Person, die sich bei jeder sich bietenden Möglichkeit schnell und ohne Bedenken der jeweils gegebenen Situation anpasst, um sich aus überwiegend egoistischen Gründen heraus persönliche Vorteile zu verschaffen.

2 Prüfen Sie, ob und inwieweit man Johann Kolbe einen „Opportunisten" nennen kann.

3 Kritiker Geigers sind mit seiner Konzeption des „Durchschnittsmenschen" unzufrieden. Sie lehnen die Idee des „gemischten Charakters" mit der Begründung ab, dass es unter den Nazis genügend Menschen gegeben habe, die schwere Schuld auf sich geladen und ausschließlich aus niederen Beweggründen gehandelt hätten, also rundum „böse" gewesen seien. In einem Roman über den Zweiten Weltkrieg müssten auch diese eindeutig „schwarzen" Charaktere dargestellt werden. Repräsentiert der Onkel das Böse oder ist er nur Mitläufer? Nehmen Sie begründet Stellung.

Annemarie Schaller

4 Annemarie (Nanni) Schaller ist eine der Schülerinnen, die mit ihrer Lehrerin Margarete Bildstein nach Mondsee verschickt worden sind. Schon bei ihrem ersten Aufeinandertreffen spürt Veit, dass sie anders ist als die anderen Schülerinnen. Sein Bild von ihr wird von weiteren Personen vervollständigt. Rekonstruieren Sie zunächst die vier Sichtweisen auf Nanni und ergänzen Sie dann, was sie über sich selbst aussagt.

Hilli Schallers Aussagen zu ihrer Tochter (S. 142, 144–146 [Brief der Mutter], 157)

Kurts Sicht auf seine Freundin (S. 97–110, 230–244, [Briefe Kurts], 393 f.)

Nanni über sich selbst (S. 141 ff., 151)

Janina Dawidowicz (gespielt von Dana Vávrová) wächst in Polen zur Zeit des Zweiten Weltkriegs auf. Könnte dieser ernst-erwachsene Gesichtsausdruck zu Nanni Schaller passen? Könnte man sich Nanni so vorstellen?

Ein Stück Himmel, R: Franz Peter Wirth, BRD 1982, Folge 2 „Die verbotene Stadt" © imago images (United Archives), Berlin

Veits Ansichten zu Nanni (S. 63 f., 139 ff., 143, 150, 318 ff.)

Bemerkungen der Lehrerin und des Onkels (S. 79, 153 ff., 159 f., 209, 317, 321 f., 328)

5 Fassen Sie auf der Grundlage der Kenntnis der Beziehung zwischen Nanni und Kurt in einem Satz zusammen, welche Vorwürfe der Erwachsenen gerechtfertigt waren.

6 Viele Leserinnen und Leser fragen sich, welche Eigenschaften Veit Kolbe an Nanni schätzt. Suchen Sie drei Vorschläge heraus, die Ihrer Meinung nach zutreffen könnten. Begründen Sie Ihre Entscheidungen.

Individueller Glücksanspruch | Selbstbewusstsein | Entschlossenheit | Stolz | Offenheit

die Art und Weise, ihre Interessen zu vertreten und durchzusetzen | Aufbegehren gegen ihre Mutter

Kurt Ritler

7 Kurt und Nanni wachsen in zwei nebeneinanderliegenden Wohnungen auf. Seine Eltern haben Kontakt zu ihrer alleinerziehenden Mutter. Die beiden schreiben sich Liebesbriefe, was aber die Lehrerin Nannis und die Eltern unterbinden wollen. Fassen Sie zunächst den Inhalt der beiden Briefe Kurts knapp zusammen und deuten Sie die Beziehung der beiden Verliebten zueinander.

8 Skizzieren Sie nunmehr den Konflikt (S. 109) zwischen Kurt und seinem Vater sowie Kurts Einstellungen zum Krieg und zum Leben (S. 234 f.).

9 Beschreiben Sie die körperlichen und psychischen Veränderungen Kurts vom zweiten Brief (an Nanni) bis zum Ende des dritten Briefs (an Ferdl).

10 Setzen Sie die folgenden Aussagen zu Kurt Ritler auf der Grundlage des Briefes (S. 384–398) und Veits Bericht über sein Zusammentreffen mit Kurt (S. 445–449) fort.

Entwicklung: Kurt sucht nach seiner Identität, wird zu einem einfühlsamen jungen Mann, der am Ende ...
Kurt ist der Überzeugung, ...
Sein Aufbegehren richtet sich ...
Seine Resignation angesichts der Verhältnisse wird in den folgenden Formulierungen deutlich: ...

Lore Neff (Margots Mutter)

Auf die Frage, warum er sich dafür entschieden habe, das Geschehen im Krieg aus verschiedenen Blickwinkeln mithilfe der Erzählstimmen Veit Kolbes, Kurt Ritlers, Lore Neffs und Oskar Meyers zu schildern, antwortet Arno Geiger:

Mir war aufgefallen, wie abstrakt wir mittlerweile über den Krieg sprechen. Die Jahrzehnte haben hier emotional vieles abgeschliffen. Darin lag für mich ein wichtiger Ansporn. Und die Literatur hat hier andere Möglichkeiten als die Geschichtsschreibung, die der Nachprüfbarkeit verpflichtet ist. Im Roman kann ich einen emotionalen Raum betreten und versuchen, nachvollziehbar zu machen, wie sich ein Leben im Krieg anfühlt. Das hat für uns heute große Relevanz: sich unmittelbar zu vergegenwärtigen, wie Krieg auch abseits der Schlachtfelder das Private aushöhlt, Selbstvertrauen zerstört. Da ist es doch selbstverständlich, dass Menschen sich dem Krieg entziehen, weil Gestaltungsmöglichkeiten nicht mehr vorhanden sind. Jeder Mensch hat das Bedürfnis nach Sicherheit und Geborgenheit, jeder Mensch hat den Wunsch, sein Leben zu planen und zu gestalten.

Quelle: Stefan Lüddemann: Bestsellerautor Arno Geiger: Flüchtlingswelle „Kompliment" für Europa. (09.03.2018)
Unter: https://www.noz.de/deutschlandwelt/kultur/artikel/1026034/bestsellerautor-amo-geiger-fluechtlingswelle-kompliment-fuer-europa (Zugriff 14.03.2021, gek.)

In einem anderen Interview begründet Geiger seine Absicht, auch den Alltag der Zivilisten im Krieg darzustellen:

Weder wollte ich vorrangig über Kinder schreiben noch den Historikern Konkurrenz machen. Ich wollte mit den Mitteln der Literatur erzählen, wovon nur die Literatur erzählen kann – unmittelbar nachvollziehbar machen, wie es sich anfühlt, im fünften, dann sechsten Kriegsjahr zu leben. [...]
Es ist jedenfalls so frappierend, dass es mir lohnenswert erschien, davon zu erzählen. Krieg und die damit einhergehende Ungewissheit macht Menschen auf eine pragmatische Art lebensgierig. Die Ungewissheit muss ungeheuerlich gewesen sein. Wir sprechen heute vom „letzten Kriegsjahr", aber das ist eine retrospektive Zuordnung. Die Menschen im Moment wussten lediglich, dass es das fünfte, dann sechste Kriegsjahr ist. Dauer und Ausgang ungewiss.

Quelle: Arno Geiger: „Der Mensch lebt auch heute unter der Drachenwand." Ein Exklusivinterview mit Olga Tsitiridou. (2019)
Unter: https://www.dtv.de/_files_media/downloads/lesekreis-material-drachenwand-1235.pdf (Zugriff 14.03.2021, gek.)

11 Fassen Sie die Kernaussagen des Autors mit eigenen Worten zusammen.

12 Beschreiben Sie aufgrund der Briefe Lores (S. 85–96, 264–278 und 370–383), wie sich ihr Alltagsleben im fünften Kriegsjahr in Darmstadt darstellt.

Brief	Positive/negative Neuigkeiten	Versorgungsprobleme	Kriegsbeeinträchtigungen
1. Brief *(vor Ostern)*	• *keinen „Teelöffel voll freudiger Nachrichten" (S.86)*	• *keine Materialien (S. 86)*	• *eingeschränkte Mobilität (S. 85)*
2. Brief *(nach dem*	• *„Lauter sehr traurige Nachrichten" (S. 266)*		• *„Darmstadt ist 99% kaputt." (S. 265)*
3. Brief	• *„Es ist alles sehr, sehr traurig" (S. 377).*		

13 Überprüfen Sie, ob die nachfolgenden Zitate Lores Wahrnehmungen zu ihrem Alltag zutreffend wiedergeben.

	richtig	*falsch*
Und trotzdem geht das Leben zwischen Schutt und Trümmern seinen Gang.	☐	☐
Mir geht es so weit gut. Man lebt eben im Krieg, doch damit kann man sich arrangieren.	☐	☐
Ich habe in den acht Tagen seither nicht schlafen können.	☐	☐
Das Gruseln kommt nicht aus einem raus, wenn es Abend wird.	☐	☐
An solchen Tagen spürt man das Alleinsein doppelt.	☐	☐
Das Jahr [...] brachte viel Schlechtes, hoffentlich bringt das nächste nur Gutes.	☐	☐

14 Welche Rückschlüsse über das fünfte Kriegsjahr erlauben die richtigen Antworten.

15 Stellen Sie fest, welche körperlichen und psychischen Folgen der Krieg bei Lore (und bei anderen Zivilisten) hinterlässt und wie sie versuchen, damit umzugehen.

16 Lores Briefe weisen häufig viele Wiederholungen auf oder enden unvollständig. Welche Erklärungen könnten Sie dafür nennen?

E Widerständler und Opfer

Die Überzeugungen des Brasilianers und Oskar Meyers analysieren

Robert Raimund Perttes (der Brasilianer)

Nach eigenem Bekunden hat der Autor erst nach langer Suche die Figur des „Brasilianers" darstellen können. Dabei sei er von folgenden Überlegungen ausgegangen.

Das erste Konzept für *Unter der Drachenwand* stammt aus dem Sommer 2005, unmittelbar vor Erscheinen von *Es geht uns gut.* Ich habe das Konzept immer wieder über den Haufen geworfen, neue Charaktere sind hinzugekommen, andere in den Hintergrund getreten. Aber zehn Jahre lang hatte ich das Gefühl, so wie das Konzept im Moment ist, will ich den Roman nicht schreiben.

Es gab als Nebenfigur den Bruder der Zimmerwirtin, einen Gärtner mit einem Glashaus. Beim Glashaus hatte ich keine besonderen Hintergedanken, ein Gärtner halt. Aber über das Glashaus, das ein zerbrechlicher Ort der Wärme und des Kultivierens ist, habe ich mich dem Charakter des Gärtners angenähert. Und dann besaß ich diese drei Briefe aus den fünfziger Jahren, Briefe eines Mannes, der aus Brasilien an seinen Bruder in Wien schreibt, sehr harsche Briefe, in denen Europa als Ganzes attackiert wird wegen seiner Wissenschaftlichkeit, Rationalität, Kälte. Und da dachte ich mir: Interessant. Und der nächste Schritt waren die Orchideen. Da wusste ich, dass ich bald mit dem Schreiben des Romans beginnen werde. [...]

Letztlich war ich auf der Suche gewesen nach jemandem, dessen Widerständigkeit nicht aus einer Ideologie kommt, sondern aus der Person, ganz selbstverständlich. Ich mag Ideologien nicht, egal welcher Art. Ich mag, wenn jemand Haltung besitzt. Und der Brasilianer besitzt Haltung. Er ist ein Charakter im besten Wortsinn, einer, der nicht auf die Krücken einer Ideologie angewiesen ist.

Quelle: Arno Geiger: „Der Mensch lebt auch heute unter der Drachenwand." Ein Exklusivinterview mit Olga Tsitiridou. (2019)
Unter: https://www.dtv.de/_files_media/downloads/lesekreis-material-drachenwand-1235.pdf (Zugriff 14.03.2021, gek.)

1 Skizzieren Sie in wenigen Sätzen, wie Arno Geiger auf das Konzept des Brasilianers gekommen ist und welche Eigenschaften er der Figur verliehen hat.

2 Untersuchen Sie, wie sich seine „Haltung" in seinen Handlungen widerspiegelt.
Nutzen Sie dazu die folgenden Seiten: 69, 71, 76, 132–137, 173–178, 293–300, 334, 337–340, 365–367

Überzeugungen	Haltung	Aufbegehren/Widerstand
• *„Reich ist man, wenn man [...] in Brasilien leben" darf (S. 69).*		

3 Beschreiben Sie die Bedeutung, die der Brasilianer für Veit gewinnt.

Oskar Meyer

Der vierte Erzähler ist der Zahntechniker Oskar Meyer, dessen Briefe ein jüdisches Schicksal widerspiegeln, das mit Diskriminierungen und Schikanen beginnt und im Holocaust endet. Damit gelingt es Arno Geiger, allen Opfern des Zweiten Weltkrieges eine Stimme zu verleihen.

4 Zeichnen Sie das Schicksal Oskar Meyers und seiner Familie in seinen wesentlichen Zügen nach (S. 111–128, 245–263, 399–418 sowie 452). Tragen Sie Ihre Ergebnisse in die entsprechenden Spalten der Tabelle auf der folgenden Seite ein.

	1. Brief	2. Brief	3. Brief
Zeit	*1939–1942*		
Ort	*Wien*		
familiäre Situation	*Hinnahme von Verlusten*	*weiterer sozialer Abstieg*	
staatliche Repressionen	• *ständige Verschärfung der gesetzlichen Bestimmungen, die die Juden betreffen* • *Verbot der Ausübung eines Berufes*		
materielle Situation	• *Verlust von Hab und Gut*		
psychische Verfassung (Folgen)			
Reaktionen Oskars [und Wallys]			
Ursachen für das erlittene Schicksal			

5 Oskar Meyer trifft fast am Ende der Handlung (S. 452) kurz mit Veit Kolbe zusammen. Beschreiben und deuten Sie aus der Sicht beider Figuren das Zusammentreffen.

6 Klären Sie das weitere Schicksal Oskar Meyers und seiner Familie aufgrund der Informationen in den „Nachbemerkungen" (S. 479 f.).

7 Oskar Meyer setzt alles daran, sich und seine Familie durch die Flucht ins Ausland in Sicherheit zu bringen. Weisen Sie anhand Ihrer Auseinandersetzung mit den Briefen nach, dass es die staatlichen Repressalien sind, die seine Vorhaben von vornherein zum Scheitern bringen.

Mein Wissen sichern und anwenden

Kurt Bauer: Die dunklen Jahre (2018)

Außenmauer des Stephansdoms in Wien

Copyrighted free use, https://commons.wikimedia.org/w/index.php?curid=687048

Neben den Alten traf es die Jungen. Seit Ende April 1944 war der sechzehnjährige Günther Doubek in Fischamend nahe Wien als Luftwaffenhelfer tätig. Im Spätherbst 1944 kam er zur leichten Flak am Flugfeld in Schwechat-Heidfeld. Dort arbeiteten Mauthausner KZ-Häftlinge für die Heinkel-Werke. Eines Tages, als er gerade Wache schob, sah Günther, wie ein SS-Mann zwei ausgemergelte Männer in gestreifter Kleidung zu einem Bombentrichter führte. Er befahl ihnen, das Loch mit Erde zuzuschaufeln. Günther trug er auf, hin und wieder einen Blick auf sie zu werfen. Günther sah den beiden Männern bei der Arbeit zu. Da schaute einer von ihnen auf, graues Haar, graues Gesicht und klapperdürr.
Günther glaubte, seinen Augen nicht zu trauen. Er kannte den Mann. Ein Bekannter aus seiner Kindheit. „Sind Sie nicht der Herr Schapira?", fragte er ihn halblaut. Der antwortete: „Jawohl, Herr Offizier!" Günther: Er sei kein Offizier, sondern Günther Doubek aus der Hustergasse in Breitensee. Schapira wiederholte, was Günther gesagt hatte, aber er schien ihn nicht verstanden oder erkannt zu haben. Günther: Wieso er KZ-Häftling sei? Schapira deutete auf den gelben Stern auf seiner Jacke. Günther „Nur weil S' ein Jud sind, sind S' im KZ?" Die beiden Häftlinge blickten sich an. Dann sagte der andere: „No, alle Juden sind im KZ – wenn sie noch am Leben sind." Diese Antwort warf Günther vollends aus der Bahn. Um irgendetwas zu tun, holte er später zwei dicke Scheiben Kommissbrot aus seinem Spind. Er steckte sie den beiden Männern zu. Jeder biss einmal hastig ab und barg dann sein Stück in der Tasche. Gott werde es Günther danken, sagten sie.
Dieses Erlebnis konnte er nicht mehr vergessen. Es bedrückte ihn zutiefst. Es war nicht so, dass der HJ-Führer Günther Doubek alles kritiklos hingenommen hätte, was er sah und erlebte. Aber Negatives schob er dem Versagen Einzelner zu, nicht dem NS-System als solchem. Nun sah er auf einmal alles mit anderen Augen. Ein paar Tage später bot sich die Gelegenheit, mit dem Vater über das Erlebte zu sprechen. Leopold Doubek hörte seinem Sohn aufmerksam zu. Dann erklärte er ihm, dass die Nazis allesamt Psychopathen und Verbrecher seien. Was er über die Konzentrationslager wüsste, sei noch viel schrecklicher als das, was Günther mitbekommen habe. Er wisse es von einem früheren SS-Mann, der sich freiwillig an die Front gemeldet habe, um aus dem KZ wegzukommen. Nach einer Verletzung sei dieser SS-Mann zwar ein Invalide, aber alles sei besser als der Dienst in einem KZ. Dieser Mann habe ihm erzählt, dass Juden, die nicht mehr arbeiten könnten, zu großen Gruben getrieben und dort erschossen worden seien. Und noch schlimmer: „Angeblich soll es in einem Lager, das heißt Birkenwald oder so, einen großen Raum geben, in den die Juden hineingetrieben und mit Gas vergiftet werden." Aus ganz Europa würden die Juden nach Polen gebracht und dort getötet. Und der Befehl dazu stamme vom „Führer" selbst. Von wegen: „Wenn das der Führer wüsste ...!" Er selbst, Leopold Doubek, sei schon zu alt, um irgendwas zu tun. Aber hin und wieder, wenn er unbeobachtet sei, male er ein „O5" an die Wand, das Zeichen des österreichischen Widerstandes. Und für ihn, seinen Sohn Günther, habe er einen dringenden Rat: „Sei vorsichtig! Red nix! Bei uns grüßen sich die Arbeiter nur mehr mit ‚Bleib über!'"

Quelle: Kurt Bauer: Die dunklen Jahre. Politik und Alltag im nationalsozialistischen Österreich 1938–1945. Fischer Taschenbuch, Frankfurt/M. 2018, S. 284

1 Als Geigers Roman *Unter der Drachenwand* 2018 erschien, veröffentlichte Kurt Bauer das Sachbuch *Die dunklen Jahre*. Beide Bücher thematisieren den Alltag unter der Herrschaft der Nationalsozialisten während des Zweiten Weltkrieges. Der Auszug schildert Erfahrungen des Jungen Günther Doubek im Spätherbst 1944. Vergleichen Sie die Darstellungen der Fakten in den beiden Büchern. Tragen Sie die (historischen) Fakten aus dem Buch Bauers in die linke Spalte einer Tabelle ein und stellen sie die (fiktiven) Tatsachen des Romans in der rechten Spalte dar.

2 Vergleichen Sie die Erfahrungen und Verhaltensweisen Veit Kolbes und Kurt Ritlers auf der einen Seite und Günther Doubeks auf der anderen Seite miteinander.

3 Beurteilen Sie das Verhalten des Vaters von Günter Doubek und des Vaters von Veit Kolbe.

2 „Unter der Drachenwand" – Erzähltechnik und Deutung

Mein Lernweg

A „Was natürlich ein Fehler war"
Die Erzähltechnik analysieren und erläutern

B „Der stille Anverwandlungskünstler"
Die Sprache der Figuren untersuchen und beschreiben

C Gattungsprobleme
Die genauere Gattungszugehörigkeit bestimmen

D Kontexte
Biografisches und historisches Hintergrundwissen erwerben

Luftaufnahme von Darmstadt nach den Zerstörungen der Brandnacht vom 11. September 1944

U.S. Air Force – gemeinfrei https://commons.wikimedia.org/wiki/File:Aerial_photograph_of_Darmstadt_1944_3.jpg

Gedenktafel an die Brandnacht in Darmstadt vom 11. September 1944

By Snipermatze – Own work, CC BY-SA 3.0, https://commons.wikimedia.org/w/index.php?curid=11468383

1 **Beschreiben Sie die Bilder. Berücksichtigen Sie dabei insbesondere die Absicht, die die Fotografen mit ihrer Aufnahme verfolgen.**

2 **Vergleichen Sie die beiden Bilddokumente mit der literarischen Dokumentarfiktion Arno Geigers. Stellen Sie dar, welches „Dokument" (Bild oder Buch) Ihrer Meinung nach eine eindringlichere Wirkung erzielt.**

3 **Diskutieren Sie, ob die Hinweistafel eine angemessene Erinnerung an den sinnlosen Tod der zirka 11 000 zivilen Bürger Darmstadts ist.**

4 **Tauschen Sie sich abschließend untereinander darüber aus, wie zukünftig mit den Erinnerungs- und Jahrestagen zu den Weltkriegen und anderen Katastrophen umgegangen werden sollte.**

A „Was natürlich ein Fehler war“
Die Erzähltechnik analysieren und erläutern

59 → **WISSEN**

Erzähltechnik

Der Autor erzählt nie selbst, er lässt vielmehr einen Erzähler oder eine Erzählerin die Ereignisse schildern. Das kann auf ganz unterschiedliche Weise geschehen. Um die Erzähltechnik eines literarischen Textes genau beschreiben zu können, unterscheidet man folgende Aspekte:
Erzählform: Hier kann der Autor sich für den **Ich-Erzähler** oder den **Er-/Sie-Erzähler** entscheiden.
Erzählperspektive (auch Standort): Position des Erzählers gegenüber den von ihm geschilderten Ereignissen. Er kann Distanz oder Abstand zum Geschehen entwickeln, aber auch die Nähe favorisieren. Von **Multiperspektivität** ist häufiger in moderneren Texten die Rede. Hier treten dann zwei oder mehrere Erzähler auf, die nacheinander oder wechselweise ihre Wahrnehmungen darstellen.
Außenperspektive: Einerseits kann der Erzähler die Geschehnisse/Handlung als objektiver Beobachter von außen darstellen. Er kann dabei jedoch nur das schildern, was er von außen wahrnimmt.
Innenperspektive: Andererseits kann er die Innenperspektive einnehmen, wobei er dann auf die eigenen oder fremden Gefühle und Gedanken eingehen kann.
Erzählverhalten: Man unterscheidet zwischen dem **auktorialen, personalen und neutralen** Erzählen.
Auktoriales Erzählverhalten: Der Erzähler nimmt seinen Standort außerhalb der erzählten Ereignisse ein und verfügt so sowohl über einen Überblick über die Handlung als auch einen Einblick in die Denkweisen der Protagonisten. Dieser Erzähler wird auch als **allwissender Erzähler** bezeichnet.
Personales Erzählverhalten: Der Erzähler übernimmt die Sichtweise einer oder mehrerer Protagonisten. Dem Leser wird dabei das Gefühl vermittelt, dass er unmittelbar an den Gefühlen, Gedanken und Beobachtungen der Figur beteiligt ist.
Neutrales Erzählverhalten: Das Geschehen wird unmittelbar dargestellt. Der Erzähler tritt hinter dem Geschehen zurück und scheint nicht (mehr) anwesend zu sein.
Erzählhaltung: Sie erlaubt Rückschlüsse auf die Einstellung des Erzählers zum Berichteten. Er kann das fiktive Geschehen sachlich, ironisch, humorvoll, affirmativ, skeptisch, melancholisch, ... vermitteln.
Darstellungsform: Der Erzähler kann selbst erzählen oder die Figuren sprechen oder ihre Gedanken wiedergeben lassen Er verfügt über unterschiedliche Darstellungsformen, um dem Leser Einblicke in die Handlung, Gefühls- und Gedankenwelt der Hauptfiguren zu gewähren. Man unterscheidet:
Erzählerrede: Unter diesem Begriff fasst man alle Aussagen zusammen, die nicht von einer Figur aus dem Werk stammen, sondern dem Erzähler direkt oder indirekt zugeordnet werden können. So kann der Erzähler **berichten** (Darstellung zeitlicher Abläufe und Vorgänge), **beschreiben** (Beschreibung von beobachtbaren Vorgängen oder Sachverhalten, z.B. Eigenschaften, Aussehen und Auftreten von Personen oder von offensichtlichen Sachverhalten) und **kommentieren** (unter anderem eine eigene oder fremde Meinung vertreten sowie persönliche Ansichten zu einem Sachverhalt hinzufügen).

Die **Wiedergabe von Figurenrede** umfasst
- die **direkte Rede**: Wiedergabe von wörtlicher Rede einer Person in der ersten oder zweiten Person Indikativ, in der Regel durch Anführungszeichen und häufig auch durch einleitende Verben des Sagens gekennzeichnet
- die **indirekte Rede**: Wiedergabe von Äußerungen und Überlegungen, wobei der Berichtende ein neutrales, distanziertes Verhältnis zur Aussage einnimmt, weil er den Wahrheitsgehalt nicht nachprüfen kann; der Erzähler berichtet lediglich über das Geschehen in der dritten Person; dies wird durch den Gebrauch des Konjunktiv I und II oder durch Modaladverbien angezeigt.
- die **erlebte Rede**: beschränkt sich auf die Wiedergabe von Gedanken und Gefühlen der Protagonisten in der 3. Person und in der Regel im Präteritum
- den **inneren Monolog**: erzeugt die Empfindung von Unmittelbarkeit durch die Wiedergabe „stiller“, für die anderen Figuren nicht wahrnehmbarer Gedanken und Gefühle in der ersten Person Singular Indikativ Präsens. Eine Sonderform des inneren Monologs ist der **Bewusstseinsstrom** („stream of consciousness“). Die Gedanken werden eher assoziativ geäußert, so dass der Satzbau nicht den grammatikalischen Regeln entspricht (Ellipsen, kurze Ausrufe des Unmutes oder Ärgers). Oft ist diese Erzähltechnik mit dem Stilmittel der Antithese verbunden.

1 Untersuchen Sie die Auszüge aus dem ersten Kapitel im Hinblick auf die Erzähltechnik, indem Sie die Analyse wie vorgegeben fortsetzen.

Arno Geiger: Unter der Drachenwand (2018)

Im Himmel, ganz oben

Im Himmel, ganz oben, konnte ich einige ziehende Wolken erkennen, und da begriff ich, ich hatte überlebt./Später stellte ich fest, dass ich doppelt sah. Alle Knochen taten mir weh. Am nächsten Tag Rippenfellreizung, zum Glück gut überstanden. Doch auf dem rechten Auge sah ich weiterhin doppelt, und der Geruchssinn war weg.

Erzählform: Ich-Erzähler

Bewusstseinsstrom

So hatte mich der Krieg auch diesmal nur zur Seite geschleudert. Im ersten Moment war mir gewesen, als würde ich von dem Krachen verschluckt und von der ohnehin verschluckenden Steppe und den ohnehin alles verschluckenden Flüssen, an diesem groben Knie des Dnjepr. Unter meinem rechten Schlüsselbein lief das Blut in leuchtenden Bächen heraus, [...]

Das unbeschreibliche, mit nichts zu vergleichende Gefühl, das man empfindet, wenn man überlebt hat. Als Kind der Gedanke: Wenn ich groß bin. Heute der Gedanke: Wenn ich es überlebe./Was kann es Besseres geben als am Leben zu bleiben? [...]

Man sollte es nicht für möglich halten, dass man vom Osten nach dem äußersten Westen verlegt wird, aber das beweist wieder, wie klein das sogenannte Großdeutschland ist./Einige der Verwundeten in meinem Waggon standen bestimmt bald wieder vorne an der Front. Während der Fahrt nach Westen wurden sie vor lauter Freude gesund. Was natürlich ein Fehler war.

Quelle: Arno Geiger: Unter der Drachenwand. dtv, München 2019, S. 7

2 Wenden Sie Ihre Kenntnisse auf die Darstellungsform an, indem Sie aus dem Anfang des Romans Beispiele für die Erzählerrede und die Figurenrede heraussuchen und belegen.

Beispiel	Zitat	Fundort/Seite
Erzählerrede *Bericht* *Beschreibung* *Kommentar*		
Figurenrede *innerer Monolog* *direkte Rede*		

3 Eine Schülerin hat in ihrer Analyse des Abschlusskapitels die Behauptung aufgestellt, dass es sich hier um einen auktorialen Erzähler handele. Prüfen Sie, ob sie mit ihrer Einschätzung des Erzählverhaltens richtig liegt.

auktorialer Erzähler = allwissender Erzähler - blickt von außen / Überblick

B # „Der stille Anverwandlungskünstler“

Die Sprache der Figuren untersuchen und beschreiben

WISSEN

Sprachliche Mittel

Zu einem besseren Verständnis eines literarischen Textes kann die Untersuchung der sprachlich-stilistischen Mittel einen Beitrag leisten. Wichtig ist vor allem, dass diese nicht nur benannt und durch aussagekräftige Zitate belegt, sondern auch auf ihre Wirkung hin untersucht werden.

Wortfiguren	Akkumulation (Reihung von Wörtern mit ähnlicher Bedeutung aus einem Wortfeld), Antonyme (Wörter, die einen Gegensatz ausdrücken), Euphemismus (beschönigender Ausdruck), Neologismus (Wortneuschöpfung)
Gedankenfiguren	Oxymoron (einander widersprechende Begriffe werden miteinander verknüpft), rhetorische Frage (es gibt keine Antwort darauf oder sie ist schon bekannt), Antithese (Entgegensetzung)
Syntaxfiguren	Ellipse (unvollständiger Satz oder Satzglieder fehlen), Parallelismus (Wiederholung von Wort- oder Satzbauformen in den darauffolgenden Sätzen), Parenthese (Einschub eines Satzteils oder Gedankens in einen anderen Satz), Schrägstrich („stärkere“ Markierung als ein Punkt, „schwächere“ Markierung als ein Absatz: Möglichkeit zur Rhythmisierung des Textes und kurzen Unterbrechung des Gedankengangs)
Sprachliche Bilder	Allegorie (bildhafte Veranschaulichung eines abstrakten Begriffs oder komplexen Vorgangs), Metapher (bildhafte Übertragung, die im Kontext neue Bedeutung schafft), Personifikation (Gegenständen oder Naturphänomenen werden menschliche Eigenschaften zugesprochen), Symbol (konkretes Zeichen, das auf abstrakte Sinnzusammenhänge oder Ideen verweist), Vergleich (schafft eine vergleichende Betrachtung von zwei Bereichen)

Wirkung der eingesetzten sprachlichen Mittel:

- **Anschaulich und unterhaltend** sind u.a. folgende sprachliche Mittel, die durch ihre Bildlichkeit die Vorstellungskompetenzen der Leserinnen und Leser fördern und unterstützen:
  Euphemismus, Gleichnis/Parabel, Übertreibung, Neologismus (Wortneuschöpfung), Stilbruch, Metapher, Personifikation, Vergleich, Wortspiel, …
- Die **Eindringlichkeit** und den **Nachdruck** von Aussagen befördern u.a. diese Stilfiguren:
  Zweierfigur, Dreierfigur, Alliteration (Stabreim), Antithese, Ausruf, Beispiel, Zitat, Ellipse, Parallelismus, Parataxe, Wiederholung, Reihung, …
- **Spannung** erzeugen u.a.:
  Doppelpunkt: Ankündigung, Steigerung, Vorgriff, …
- Für eine direkte **Ansprache** und **Einbeziehung** des Lesers sorgen u.a.:
  Anrede, Anspielung, Gruppensprache (wir), Ironie, Sarkasmus, Zynismus, rhetorische Frage, …

Wichtig ist die Unterscheidung zwischen der **Sprache der Erzählerrede** und der **Sprache der Figurenrede**. Der Autor vermag seinen Figuren durch ihren Sprachgebrauch einen individuellen Charakter zu verleihen, so dass sich die Sprechweisen und Ausdrucksformen der einzelnen Figuren unterscheiden können. Vorzugsweise geht es bei der Analyse der Sprache um die Wortwahl, den Satzbau sowie um den Stil, in dem der Text geschrieben wurde.

- **Wortwahl**: Häufung bestimmter Wortarten, Gebrauch von Fremdwörtern, Fachbegriffen oder jugendsprachlichen Formulierungen, Nutzung von Konjunktiv- und/oder Passivformen
- **Satzbau**: Parataxe (Aneinanderreihung von Hauptsätzen), Hypotaxe (Nebeneinander von Haupt- und Nebensätzen), monotone Satzbaumuster
- **Stil/Sprachebenen**: sachlich, ausschmückend (Adjektive und Attribute), nominal (Substantivierungen), …; Gebrauch von Hoch- oder Alltagssprache, Umgangs- oder Jugendsprache, Dialekte oder Regiolekte

Franz Haas: Der stille Anverwandlungskünstler. Auszug aus der Laudatio zur Verleihung des *Joseph-Breitbach-Preises* an Arno Geiger (2018)

[...] Meine Aufgabe hier ist es zu loben, was mir nicht schwerfiele, wüsste ich nur, wo zu beginnen sei. Für diese Lobrede habe ich mich nicht nur auf ein beträchtliches literarisches Werk gestützt, sondern auch auf zahlreiche Interviews, Selbstaussagen des Autors und Gespräche mit ihm. In einem Interview sagt Arno Geiger über den Beifall, den er erhält: „Ich nehme das Lob hin und versuche, meine Arbeit mit den Augen des Lobenden zu sehen.“ – Hier sind wir schon mitten in der Lebenshaltung und in der großen Kunst unseres Preisträgers: etwas mit den Augen anderer Personen zu sehen, es sich zu eigen machen und zu beschreiben, als würde er in ihrer Haut stecken. [...]
Warum diese Preisverleihung an Arno Geiger so begrüßenswert ist, das möchte ich im Folgenden darlegen, ausgehend von dem trefflichen Jury-Urteil über seine Kunst der „Anverwandlung“.
Der Duden definiert „anverwandeln“ mit „sich zu eigen machen“ und gibt als Synonyme an: „aufnehmen, adoptieren, verinnerlichen“. Genau das macht Arno Geiger mit seinen literarischen Charakteren, er steht nicht über, sondern neben ihnen. Er sagt, er wolle „die Figuren nicht vorführen, als wären sie meine Patienten“. Von Buch zu Buch gelingt ihm dieses Sich-Einleben in eine fremde Menschenhaut immer wieder. Besonders verblüffend ist dies bei den weiblichen Figuren seines Werkes – und das sagen nicht nur Leserinnen. Von Jahr zu Jahr arbeitet er auch an seinem Stil, mit stiller Beharrlichkeit und Kunstverstand, um (auch das ist eine Selbstaussage) „entspannt in einer schlichten und doch eleganten Alltagssprache zu schreiben“. Und er befolgt damit (zumindest scheinbar) die Weisung des Sprichworts „Lerne die Zauberei, aber benutze sie nicht“.
In die Haut von Figuren zu schlüpfen und in einer scheinbar leichten Sprache zu schreiben, die „an der Oberfläche durchaus unterhaltsam“ ist, darin liegt ein Teil der unsichtbaren Zauberei von Arno Geiger. Aber um mit dieser Lobrede zu einem Ende zu kommen, soll noch weniges über den letzten Erzählstreich, den Roman *Unter der Drachenwand* gesagt sein. [...] Es ist ein polyphones, vielschichtiges Sprachkunstwerk, in dem der Autor sich die Figuren zu eigen macht, sie adoptiert, verinnerlicht, sie nach ihrer Fasson reden oder schreiben lässt. Nie steht er als „Richter“ über, sondern als „Stellvertreter“ neben ihnen. Selbst die gehässigen Nazis bekommen eine halbwegs menschliche Stimme, denn über allem schwebt die Frage des Autors: „Wie hätte ich mich damals verhalten?“

Quelle: Franz Haas: Laudatio: Der stille Anverwandlungskünstler und Arno Geiger: Dankrede: Unwiderlegbar ist die Gestalt. Hrsg. v. Akademie der Wissenschaften und Literatur Mainz und Stiftung Joseph Breitbach, Mainz 2019, S. 5–12

ÜBRIGENS ☆

Der deutsch-französische Schriftsteller Joseph Breitbach (1903–1980) siedelte schon vor der Machtergreifung der Nazis nach Paris über. Dort beschlagnahmte die Gestapo 1940 nach dem Einmarsch der deutschen Truppen seine Bibliothek.
Vor allem nach dem Zweiten Weltkrieg setzte sich Breitbach intensiv für den kulturellen Austausch zwischen Deutschland und Frankreich ein.

1 Arbeiten Sie heraus, worin nach Ansicht von Franz Haas die besondere Fähigkeit Geigers besteht, ein „Sprachkunstwerk“ zu verfassen. Gehen Sie dabei auch auf die Sprache der Figuren in Geigers Romanen ein.

2 Geiger lässt seine Figuren „nach ihrer Fasson reden oder schreiben“. Weisen Sie auf den folgenden Seiten anhand von Veit Kolbe, Lore Neff, Kurt Ritler und Oskar Meyer nach, dass die Ausführungen von Franz Hass zutreffend sind. Analysieren und beschreiben Sie dazu die Sprache und den Stil in den ausgewählten Textbeispielen und/oder suchen Sie selbst nach aussagekräftigen Passagen.

Veit Kolbe

Aspekt	Textauszüge	Erläuterung
Satzbau	Sie erklärte mir, dass sie in der letzten Zeit eine merkwürdige Phase durchlaufe, was sie darauf zurückführe, dass sie glaube, nicht den richtigen Mann geheiratet zu haben.	*Hypotaxe (komplexes Satzgefüge, zweifacher Konjunktionalsatz)*
	Heiraten sei ihr als die beste Möglichkeit zum Loskommen erschienen. Und für einen Soldaten habe Heiraten auch nur Vorteile.	
	Hell auflachend setzte sie hinzu: „Kriegsbraut! An jedem schönen Wort klebt heute der Krieg."/Sie sprach das Wort wieder auf diese besondere Art aus, dass es nach *kriechen* klang, nach dem Kauern in Erdlöchern./	
	„Bist du schockiert?", fragte sie./	
	Ich zog den Korken aus der Flasche und murmelte traurig, es überrasche mich nicht, ich hätte es in meiner Kompanie oft so erlebt, die Verheirateten seien ständig in Urlaub gefahren, und für die Ledigen habe niemand etwas übrig gehabt.	

3 Setzen Sie die Untersuchung fort, indem Sie das in den folgenden Textauszügen jeweils dominierende Stilmittel und dessen Wirkung bestimmen. Welche weiteren Möglichkeiten nutzt Veit, um seine Haltung zum Krieg auszudrücken? Ergänzen Sie Beispiele aus dem Text.

Veit Kolbe

Aspekt	Textauszüge	Erläuterung
	Die Feierlichkeit zu Ehren meines obersten Dienstherrn war herangerückt, der sogenannte F. Geburtstag. Auch zu diesem Anlass musste die auf dem Mond befindliche Kolonie dem Mutterland huldigen.	
	Ich sagte, ich bliebe auch gerne hier, aber es werde wohl nicht mehr lange dauern, bis mein Dienstgeber wieder nach mir greife.	
	Aber seit Stalingrad war mir keine *Funkpause* mehr untergekommen, obwohl mein Dienstgeber seither mehrfach um ganze Armeen erleichtert worden war.	

4 Fassen Sie die Ergebnisse Ihrer Untersuchungen zur Sprache Veit Kolbes zusammen. Auf welche Weise trägt die Sprache zur Charakterisierung des Sprechers bei?

5 Untersuchen Sie nun anhand der ausgewählten Beispiele (S. 33) die Sprache von Lore Neff. Welche Merkmale charakterisieren ihre persönliche Ausdrucksweise?

Lore Neff

Aspekt	Beispiele	Erläuterung
Wortwahl	So einen dichten Nebel hatten wir schon lange nicht mehr. Als ich nach dem Besuch von Nelli für die Hasen Futter machte, zog ich nachher den Nebel hinter mir ins Haus. Auch in der Küche riecht es nach modrigem Laub, und die Bettwäsche ist klamm, so dass mir die ganze Nacht nicht warm wird.	*Alltags- und Umgangssprache: „Futter machte“*
	Ich kanns schon aushalten, wenn ich euch mal alle für drei Tage oder eine Woche los bin, ohne das Gerenne und Herumbrüllen. Und ich behaupte nicht, dass ich immer begeistert bin von dem, was ihr alle mir liefert, darauf kannst du deinen kleinen Arsch verwetten, liebe Margot.	
	Kannst du nicht mal nach Darmstadt kommen und deine Tochter herzeigen? Nach dem, was alles seit dem großen Angriff passiert ist, wäre es schön, für ein paar Tage so eine Krabbe im Haus zu haben.	

6 Fassen Sie die Ergebnisse Ihrer Untersuchungen zur Sprache Lore Neffs zusammen. Auf welche Weise trägt die Sprache zur Charakterisierung der Briefeschreiberin bei?

7 Untersuchen Sie abschließend die charakteristischen Merkmale der Sprachverwendung von Kurt Ritler und Oskar Meyer. Fassen Sie jeweils Ihre Ergebnisse in einem kurzen Statement zusammen.

Kurt Ritler

Aspekt	Textauszüge	Erläuterung
	Achtung! Achtung! Sondermeldung! Das Oberkommando im Grassingerhof gibt eine wichtige Neuigkeit bekannt: Das Ansuchen von Kurt Ritler, zu Ostern eine Fahrt an den Mondsee machen zu dürfen, ist von seinem Vater bewilligt worden unter dem Vorbehalt, dass sich im Trimesterzeugnis kein *mangelhaft* befindet./	
	Viele, viele Grüße an meine schwarzindische Nanni! [...] und viele Küsse auf beide Wangen an dich! Und auf den Mund noch viele Bussi!	

Oskar Meyer

Aspekt	Textauszüge	Erläuterung
Personifikation	Es regnet, ich bin erschöpft, ganz bestürzt, dass mich das Leben so in die Ecke tritt. Ich lebe in ständiger Anspannung, bin mit meinen Nerven am Ende, auch etwas, was nicht gut ist.	
	Und ganz leicht zu erschrecken bin ich seit neuestem, ich glaube, es liegt an meiner Einsamkeit. Bis zur Unerträglichkeit lebe ich in einer steifen, sich nicht bewegenden Einsamkeit, ich bin allein in einer aussichtslosen Lage, ich lebe kaum. Ganz wenig nur.	

C Gattungsprobleme

Die genauere Gattungszugehörigkeit bestimmen

Arno Geiger beschreibt die Auswirkungen des Krieges auf das Leben der Menschen aus unterschiedlichen Perspektiven. Dazu gehört neben der Liebesgeschichte von Veit und Margot die Geschichte des verliebten Teenagers Kurt Ritler, der im Krieg erwachsen werden muss. Das Schicksal einer jüdischen Familie zeichnet Geiger anhand von Oskar Meyer nach, während der Brasilianer für den Widerstand gegenüber dem barbarischen Nazi-Regime steht. Angesichts dieser unterschiedlichen Themen und Motive, die Geiger in seinem Roman vereint, ist es nicht verwunderlich, dass die Kritiker sich nicht einig sind, welcher Gattung der Roman zuzuordnen ist. So bleibt zu diskutieren, ob es sich um einen Liebesroman, einen (Anti-)Kriegsroman, einen Entwicklungs- oder aber um einen Gesellschaftsroman handelt.

1 Lesen Sie zunächst, wie die verschiedenen Gattungen beschrieben oder definiert werden. Suchen Sie dann im Roman nach entsprechenden Signalen oder Handlungselementen, die für die Zuordnung zu dem umschriebenen Genre sprechen.

Der Antikriegsroman

Umschreibung der Gattung	Signale und Handlungselemente
Bei einem Antikriegsroman steht die Darstellung der Sinnlosigkeit und der Brutalität des Krieges im Mittelpunkt. Er verweist auf die physischen und psychischen Folgen für die (unbeteiligten) Opfer. Der Krieg zerstört nicht nur ihre Lebensgrundlagen, sondern deformiert auch die Persönlichkeit der Menschen. Diese Gattung übt darüber hinaus Kritik an der zunehmenden Verrohung und den menschenverachtenden Verbrechen vieler Soldaten im Krieg.	*Bereits im ersten Kapitel zeigt der Autor am Schicksal des einfachen Wehrmachtssoldaten Veit Kolbe, dass der Krieg Mangel, Elend und Not hervorbringt.* *Weitere Hinweise:*

Der Kriegsroman

Umschreibung der Gattung	Signale und Handlungselemente
Ein Kriegsroman beschreibt in der Regel realistisch das Geschehen an der Front. Er stellt die Erlebnisse und Schicksale einzelner Soldaten besonders heraus. Zuweilen werden auch die Auswirkungen der kriegerischen Auseinandersetzungen auf die Zivilbevölkerung geschildert. Zwischen den beiden Weltkriegen haben zahlreiche Autoren – zum Teil aus politischer Propaganda – Werke verfasst, in denen der Krieg zumindest positiv geschildert, wenn nicht gar verherrlicht worden ist.	*Hinweise auf eine realistische Darstellung des Kriegsgeschehens:* • *Beschreibung der Verwundungen (S. 7) und* • *Bezogen auf den Aspekt einer Verherrlichung des Krieges muss festgehalten werden, dass*

2 Diskutieren Sie anhand der Gemeinsamkeiten und Unterschiede zwischen Kriegs- und Anti-Kriegsroman, warum eine unkommentierte Zuordnung eines Genres zu einem Text zu Missverständnissen und Fehlurteilen führen kann.

Der Gesellschaftsroman

Umschreibung der Gattung	Signale und Handlungselemente
In einem Gesellschaftsroman beschreibt die Autorin/der Autor das alltägliche Leben über einen kürzeren oder längeren Zeitraum hinweg und zeichnet ein möglichst wirklichkeitsgetreues Bild dieser Zeit, indem sie/er typische Denk- und Verhaltensweisen schildert. Einige Autoren verbinden mit diesen Porträts einer Gesellschaft oder bestimmter Merkmale einer Gesellschaft die Kritik an sozialen oder politischen Zuständen, die sie selbst als Fehlentwicklungen ansehen und die sie mit ihren Werken infrage stellen wollen. Darüber hinaus können als Gegenmodell zu den herrschenden Verhältnissen auch (utopische) Gesellschaftsentwürfe vorgestellt werden, die eine „bessere" Welt repräsentieren.	*Arno Geigers Roman schildert am Beispiel ...*

Der Bildungs- und Entwicklungsroman

Umschreibung der Gattung	Signale und Handlungselemente
Der **Bildungsroman** thematisiert vor dem Hintergrund der Werte und Erziehungsideale einer bestimmten Gesellschaftsordnung die persönliche Entwicklung des Individuums, sein Heranreifen zu einem mündigen, selbstbestimmten Menschen, der am Ende seines „Reifungsprozesses" in vielerlei Hinsicht gebildet ist. Der **Entwicklungsroman** beschäftigt sich noch viel intensiver mit der psychischen Entwicklung der zumeist jungen Hauptfigur. In der Auseinandersetzung mit ihrer Umwelt und ihrem sozialen Umfeld findet sie zu ihrer Identität und ihrer Individualität als selbstbewusste Person.	*Auch wenn Veit Kolbe nicht der Jüngste im Figurenensemble ist,*

Der Liebesroman

Umschreibung der Gattung	Signale und Handlungselemente
In diesem Genre geht es um die Zuneigung und die Gefühle zweier Menschen zueinander, die sich oft gegenüber Widerständen aus dem näheren (Familie) oder weiteren Umfeld (gesellschaftliche, religiöse, soziale ... Gesetze oder Konventionen) behaupten müssen. Die Vorstellung, was unter „Liebe" und den angemessenen Voraussetzungen zu verstehen ist, unter denen sie sich verwirklichen lässt, unterliegt dabei sich wandelnden gesellschaftlichen und moralischen Normen und Werten. Eine Sonderform des Liebesromans stellt die Trivialliteratur dar.	*Die Liebesbeziehung zwischen Margot und Veit:*

3 Mit welchem Genre oder welchen Genres lässt sich der Roman am überzeugendsten kennzeichnen? Sprechen Sie sich für eine oder mehrere der untersuchten Varianten aus. Wenn Sie ein Genre vermissen, fügen Sie es gegebenenfalls noch hinzu. Begründen Sie anschließend Ihre Entscheidung.

- [ ] *Antikriegsroman*
- [ ] *Kriegsroman*
- [ ] *Gesellschaftsroman*
- [ ] *Bildungs- und Entwicklungsroman*
- [ ] *Liebesroman*
- [ ] ______________________

Meine Begründung: ______________________

4 Notieren Sie abschließend die generellen Vor- und Nachteile bzw. Möglichkeiten und Grenzen solcher gattungstheoretischen Klassifizierungen.

Vorteile/Möglichkeiten	Nachteile/Grenzen
• *Gattungstheoretische Klassifizierungen erlauben eine ungefähre Zuordnung von Texten zu einem Genre*	• *Eine exakte Trennung zwischen*

5 Tauschen Sie sich darüber aus, ob und inwiefern es Geiger gelungen ist, einen Gesellschaftsroman zu verfassen. Können Sie sich nach der Lektüre des Romans das Leben in Deutschland während der Hitlerdiktatur besser und anschaulicher vorstellen?

6 Erörtern Sie abschließend, ob es der Literatur überhaupt gelingen kann, „Bilder" in Ihrem Kopfkino hervorzurufen, die die gleiche Wirkung erzielen wie fotografische Aufnahmen.

D Kontexte

Biografisches und historisches Hintergrundwissen erwerben

Arno Geiger, Wien 2018

Picture-Alliance (Matt Observe/Verlagsgruppe News/picturedesk.com), Frankfurt/M.

Biografie

Arno Geiger wurde am 22. Juli 1968 in Bregenz geboren. Als Sohn eines Gemeindesekretärs und einer Grundschullehrerin wuchs er zusammen mit zwei Brüdern und einer Schwester in Wolfurt im Vorarlberg auf. Nach der Grundschule besuchte er das Gymnasium, das er 1987 mit der Matura (Abitur) abschloss. Sechs Jahre später (1993) beendete er sein Studium der Deutschen Philologie, der Alten Geschichte und der Vergleichenden Literaturwissenschaft in Wien und Innsbruck. Seit diesem Jahr arbeitet er als freier Schriftsteller.
Der literarische Durchbruch gelang ihm 2005 mit dem Roman „Es geht uns gut". Für dieses Werk wurde er im selben Jahr mit dem Deutschen Buchpreis ausgezeichnet. Der Roman, der in mehr als zwanzig Sprachen übersetzt wurde, war auch ein großer kommerzieller Erfolg.
Arno Geiger ist verheiratet und lebt als freier Schriftsteller in Wolfurt und Wien.

Bibliografie

Neben einem Drama veröffentlichte der Autor acht Romane und zahlreiche Erzählungen sowie Hörspiele. Seine Schriftstellerkarriere begann Ende des 20. Jahrhunderts mit den Romanen „Kleine Schule des Karussellfahrens" (1997) und „Irrlichterloh" (1999). 2001 folgte sein bisher einziges Drama „Die Elfenkinder". Seit 2002 schreibt er ausschließlich Romane und Erzählungen. In diesem Jahr erschien der Roman „Schöne Freunde", 2005 dann sein erster Erfolgsroman „Es geht uns gut". Nach einem Band mit Erzählungen „Anna nicht vergessen" (2007) erregten nacheinander die Romane „Alles über Sally" (2010) und „Der alte König in seinem Exil" (2011) das Interesse seines Publikums und der Kritik. 2015 folgte der bisher vorletzte Roman des Autors: „Selbstporträt mit Flusspferd". Sein bisher letztes Werk „Unter der Drachenwand" (2018) fand nicht nur die Zustimmung der Leser (2020 kam bereits die 4. Auflage in den Handel), sondern auch enormen Beifall unter vielen bekannten Rezensenten.

Themen

Geigers Werke werden vor allem als Zeit- und Erinnerungsromane geschätzt, die aktuelle gesellschaftliche Fragen behandeln. Sie beschäftigen sich mit dem Umgang mit Kranken und Alten, der (Willens-)Freiheit des Individuums, mit der Persönlichkeitsentwicklung und der Menschenwürde sowie mit interkulturellen Fragen und Problemen. Mit seinem letzten Roman „Unter der Drachenwand" leistet Geiger erneut ein Stück Erinnerungsarbeit, indem er die Sinnlosigkeit des Krieges und die Verbrechen des Holocaust in den Mittelpunkt rückt.

Auszeichnungen

Die Zahl namhafter Ehrungen und Auszeichnungen, die Geiger für sein Werk erhalten hat, ist lang. Bereits für seine ersten Publikationen bekam er Stipendien und einen Förderpreis. Der deutsche Buchpreis (2005) sorgte dafür, dass den Werken Arno Geigers noch mehr Aufmerksamkeit geschenkt wurde und die Verkaufszahlen in die Höhe schnellten. Zu den weiteren wichtigen Preisen gehören: Johann-Peter-Hebel-Preis (2008), der Friedrich-Hölderlin-Preis (2010), der Alemannische Literaturpreis (2017), der Joseph-Breitbach-Preis (2018), der Literaturpreis der Stadt Bremen (2019) und der Friedrich-Schiedel-Literaturpreis (2020). Die letzten drei Preise erhielt er allesamt für seinen Roman „Unter der Drachenwand."

1 Recherchieren Sie, welche Bedeutung den Auszeichnungen und Preisen beigemessen wird, die Geiger für sein Werk bekommen hat.

2 Bereiten Sie eine computergestützte Präsentation zum Leben und Werk Arno Geigers vor.

Die Geschichte Österreichs vom „Anschluss" an das Deutsche Reich bis zum Ende des Zweiten Weltkrieges (1938–1945)

Am 12. März 1938 befahl Hitler den Einmarsch deutscher Truppen nach Österreich. Einen Tag später ließ er Gesetze verkünden, die den „Anschluss" Österreichs an das Deutsch Reich festschrieben. Der Staat wurde in „Ostmark" umbenannt. Die nächsten Wochen waren geprägt von der Umgestaltung der Politik, der Gesetzgebung und der österreichischen Gesellschaft im Sinne der Nationalsozialisten. Die Aktivitäten führten zur Ausbildung einer Terrorherrschaft, in der die willkürliche Verhaftung und die Verfolgung von politischen Gegnern und jüdischen Mitbürgerinnen und Mitbürgern zur Tagesordnung wurden.

Der Zweite Weltkrieg begann am 1. September 1939 mit dem Überfall deutscher Truppen auf Polen. In dem von der deutschen Heeresführung als „Blitzkrieg" gefeierten Feldzug wurde die polnische Armee innerhalb von nur fünf Wochen besiegt. Dem äußerst brutalen Vordringen der deutschen Truppen folgten noch schrecklichere „Säuberungsaktionen" der deutschen „Einsatzgruppen", die sich vor allem gegen die polnische Zivilbevölkerung und gegen die in Polen lebenden Juden richteten. Die Erfolge in den weiteren „Blitzkriegen" (1940 gegen Dänemark, Norwegen, Niederlande, Belgien und Frankreich sowie 1941 gegen Jugoslawien und Griechenland) in der ersten Phase der deutschen Aggression bis 1941 lösten eine enorme Begeisterung in der Bevölkerung aus. Sie steigerten die Beliebtheit Hitlers und die Zustimmung zu seiner Kriegspolitik.

Erste Rückschläge erlitt Hitler in seinem „Luftkrieg" gegen England. Es gelang der deutschen Luftwaffe nicht, die angestrebte Lufthoheit über England zu gewinnen, so dass Hitler im Frühjahr 1941 gezwungen war, die „Schlacht um England" abzubrechen. Viele (Militär-)Historiker sehen in dieser Niederlage eine frühe Wende, die den Beginn der Niederlage der deutschen Armee signalisierte.

Im Juni 1941 befahl Hitler den Vernichtungskrieg gegen Russland, um sich den „Lebensraum im Osten" zu verschaffen, den er seinen Anhängern schon Jahre zuvor versprochen hatte. Dieser Krieg wurde mit noch größerer Härte geführt als die voraufgegangenen „Blitzkriege". Millionen von Menschen (in der Mehrzahl Zivilisten) fanden auf beiden Seiten den Tod. Die deutschen Truppen kamen zunächst wieder schnell voran, wobei sie aber hohe menschliche Verluste hinnehmen mussten. Der heftige Widerstand der Roten Armee hatte zwar die Eroberung von Leningrad und Moskau nicht verhindern können, führte aber in der Folge zusammen mit dem harten Wintereinbruch zur Niederlage der deutschen Armee vor Stalingrad. Die eingeschlossene 6. Armee kapitulierte im Januar 1943. Spätestens seit dieser Niederlage war klar, dass Hitler-Deutschland diesen Krieg verlieren würde. In Deutschland versuchte das Hitlerregime die Bevölkerung durch die Verkündigung des „totalen Krieges" (18. Februar 1943) zum Durchhalten zu bewegen. Unter dem Aufgebot der letzten Kräfte bemühte sich die Heeresführung, den Rückzug der deutschen Truppen im Osten zu verlangsamen und gegebenenfalls zum Stillstand zu bringen.

Am 19. April 1943 begann der Aufstand von jungen jüdischen Frauen und Männern im Warschauer Ghetto. Zwar vermochten die bewaffneten Aufständischen die deutschen Soldaten nicht zu besiegen, aber der mehrere Wochen dauernde erbitterte Widerstand zeigte, dass die Überlegenheit auch in den besetzten Gebieten immer mehr bröckelte. Am 13. August 1943 begann das Bombardement von österreichischen Städten, wobei als erstes gezielt Industrieanlagen in der Nähe Wiens von amerikanischen Bombern angegriffen wurden.

Das Eingreifen der USA und Großbritanniens am 6. Juni 1944 zwang die deutsche Armee dazu, sich auch im Westen zurückzuziehen. Der Glaube an einen militärischen („End"-)Sieg nahm in der Bevölkerung immer mehr ab und das Attentat auf Hitler vom 20. Juli 1944 verdeutlichte, dass er zusehends an Autorität und Zustimmung in der Bevölkerung verlor. Die nationalsozialistischen Machthaber befahlen im Herbst die Bildung des „Volkssturms" (September 1944), in dem die waffenfähigen Männer zwischen 16 und 60 Jahren zusammengefasst wurden.

Seit dem Beginn des Jahres 1945 wurde offensichtlich, dass der Krieg verloren war. Mit dem sogenannten „Volksopfer" wollte die Regierung die weitere Produktion von Kriegsgütern finanzieren. An der West- als auch an der Ostfront erlitt die deutsche Armee große Verluste. Die Rote Armee drang ab Januar weiter nach Westen vor und stand Ende März auf österreichischem Gebiet. Sie eroberte am 13. April 1945 Wien. Am 27. April 1945 konnte die provisorische Regierung die Wiedererrichtung der Republik Österreich verkünden.

Österreich musste im Zweiten Krieg erhebliche menschliche Verluste hinnehmen. Etwa 260 000 Soldaten starben in den Kampfverbänden der deutschen Armee, über 200 000 Zivilisten durch die Terrorherrschaft.

Mahnmal für die österreichischen jüdischen Opfer der Shoah auf dem Judenplatz in Wien
stock.adobe.com (photo 5000), Dublin

3 Recherchieren Sie nach weiteren Bildern und Informationen zum Mahnmal. Nehmen Sie Stellung, ob und inwieweit es die Erinnerung an die Verbrechen an den Juden wachhalten kann.

Der Umgang mit den jüdischen Mitbürgerinnen und Mitbürgern in Österreich
1938 lebten fast 200 000 Menschen jüdischen Glaubens in Österreich. Nach dem „Anschluss" an das nationalsozialistische Deutschland wurden sie schlimmsten Schikanen und Demütigungen ausgesetzt. Mit verschiedenen Maßnahmen (Gras essen, Straßen putzen, körperliche Überforderungen) terrorisierte die Gestapo die jüdischen Mitbürgerinnen und Mitbürger. Des Weiteren verloren sie ihre Staatsbürgerschaft und ihre sämtlichen Rechte. Zudem durften sie ihre Berufe nicht mehr ausüben. Bis zum Kriegsbeginn 1939 war es das vorrangige Ziel, sie zur Auswanderung zu zwingen. Danach ging es vornehmlich darum, ihnen ihr Eigentum (Häuser, Wohnungen, Güter und Vermögen) zu entreißen, ihre Bewegungsfreiheit einzuschränken und sie in Wien in ausgewählten Stadtteilen zusammenzuziehen. In Wien begann die SS bereits im Oktober 1939 mit ersten Deportationen. Wer über hinreichend Geld verfügte, konnte sich freikaufen und noch ins Ausland fliehen. Viele andere jüdische Mitbürgerinnen und Mitbürger begingen Selbstmord, um der Ermordung im KZ zu entgehen. Ab dem Frühjahr 1941 wurden aus Wien mehr als 48 000 Menschen planmäßig in Ghettos, Konzentrations- und Vernichtungslager deportiert. Darüber hinaus wurden sie durch andere grausame Maßnahmen (mobile Tötungseinrichtungen und Massenerschießungen) umgebracht. Weniger als 2 000 Menschen haben diese systematische Vernichtung überlebt. Obwohl schon Ende 1942 nur noch wenige Juden in Wien lebten, gab es zwischen März 1943 und Oktober 1944 noch kleinere Deportationen von Wien nach Auschwitz und Theresienstadt. Nach verschiedenen Quellen fielen zirka 65 000 österreichische Juden dem nationalsozialistischen Völkermord zum Opfer.
Die Quellen stimmen weitestgehend darin überein, dass vor 1938 etwa 206 000 Menschen in Österreich lebten, die aufgrund der „Nürnberger Gesetze" als Jüdinnen und Juden galten. Von denen, die sich nicht den Maßnahmen der Nationalsozialisten durch Flucht entziehen konnten, sollen zirka 66 500 der Shoah zum Opfer gefallen sein. Nur rund 5 500 österreichische Staatsbürger jüdischer Religion oder Herkunft überlebten in Österreich die nationalsozialistische Herrschaft.

4 Tragen Sie die historischen Daten aus den beiden Texten (S. 38 u. S. 39) in die linke Spalte und die Daten und Informationen aus der fiktionalen Darstellung in die rechte Spalte der nachfolgenden Tabelle ein.

Jahr	Historische Daten	Zeitangaben und historische Verweise im Roman
1920		*26. April: Veit Kolbe wird geboren.*
1936		
1938	*12. März: Anschluss Österreichs an das Deutsche Reich*	
1939		
1940		
1941		
1942		
1943		
1944		
1945		

5 Erörtern Sie, inwiefern man den Roman als historische Quelle betrachten könnte.

11. September, Jahrestag der Brandnacht (2020)

Kranzniederlegung, Friedensandacht, Glockenläuten/Oberbürgermeister Partsch: „Erinnerung an die dunkelsten Stunden in der Geschichte der Stadt“

Südwestseite des Marktplatzes in Darmstadt nach der Brandnacht vom 11. September 1944

Getty Images (PhotoQuest), München

In Erinnerung an die vielen Opfer der Darmstädter Brandnacht vom 11. September 1944 wird der Oberbürgermeister der Wissenschaftsstadt Darmstadt, Jochen Partsch, am Freitag, 11. September 2020, um 11 Uhr am Gräberfeld auf dem Waldfriedhof einen Kranz niederlegen und damit der Bürgerinnen und Bürger gedenken, die an diesem Tag gestorben sind. Oberbürgermeister Partsch betont die Bedeutung des Gedenktages: „Wir rufen uns an diesem Tag eine der dunkelsten und traurigsten Stunden in der Darmstädter Geschichte ins Gedächtnis, als der größte Teil unserer Stadt bei einem Luftangriff zerstört wurde und viele tausend Menschen ihr Leben verloren haben. Kaum eine Darmstädter Familie, die damals nicht in schlimmer Form von diesem Ereignis betroffen war.

Die Erinnerung ist zugleich Mahnung – den Frieden zu bewahren, die Verständigung zu suchen, unter den einzelnen Menschen ebenso wie unter den Völkern. Dies ist umso wichtiger in einer Zeit, die ihre eigenen Schrecken kennt und noch immer nicht frei ist von Bedrohung, Unterdrückung, Gewalt und Krieg.“

Um 19.30 Uhr gibt es auf dem Kapellplatz eine Ökumenische Friedensandacht. Die Ansprache hält Oberbürgermeister Jochen Partsch, die Liturgie leiten Ulrike Schmidt-Hesse (Evangelisches Dekanat Darmstadt) und Dr. Christoph Klock (Katholisches Dekanat Darmstadt). Die Andacht wird als Livestream [...] übertragen. Gegen 20.15 Uhr folgt am dortigen Mahnmal eine Kranzniederlegung. Um 23.55 Uhr – dem Zeitpunkt, zu dem vor 76 Jahren der Angriff begann – läuten die Glocken der Darmstädter Kirchen in der Innenstadt.

Ab 20 Uhr werden in der Centralstation die beiden Filme „Brandmale“ [...] und „Running with Mum – Der Weg meiner Mutter“ [...] gezeigt. [...]

In der Nacht vom 11. auf den 12. September 1944 machten Bomber der Royal Air Force die Innenstadt und den überwiegenden Teil der Wohnviertel Darmstadts dem Erdboden gleich. Über 280 000 Brandbomben erzeugten einen kaum vorstellbaren Feuersturm. In einer knappen halben Stunde löschten die 234 englischen Flugzeuge zwischen 23.55 und 0.20 Uhr all das aus, was Darmstadt als historische Stadt in Hessen geprägt hatte. Die Bilanz der Brandnacht war furchtbar: über 11 000 Tote, eine hohe Dunkelziffer an Vermissten, zudem über 65 000 obdachlos gewordene Menschen.

Quelle: 11. September, Jahrestag der Brandnacht. (11.09.2020) Unter: https://www.darmstadt.de/nachrichten/darmstadt-aktuell/news/11-september-jahrestag-der-brandnacht (Zugriff 14.03.2021, gek.)

6 Lesen Sie den Zeitungsartikel zum Jahrestag der Brandnacht in Darmstadt 2020. Vergegenwärtigen Sie sich den Ablauf des Gedenktages. Erörtern Sie, ob und inwiefern diese Feier ein angemessenes „Vorbild“ für die Erinnerung an die Opfer und den menschenverachtenden Krieg darstellen könnte.

Mein Wissen sichern und anwenden

Arno Geiger im Interview über „Unter der Drachenwand“ (2019)

Die Interviewerin, Olga Tsitiridou, fragte Geiger nach seinem Interesse an seiner Figur Veit Kolbe:
Mich interessieren die Grautöne mehr als Schwarz-Weiß-Malerei. Und gerade bei diesem Stoff ist das schwieriges Terrain, weil wir es gewohnt sind, Täter-Opfer-Konstellationen präsentiert zu bekommen. Die Mitte ist ambivalent, vergleichsweise unübersichtlich. [...]

Darauf schließt Geigers Interviewpartnerin die Frage nach den Kriterien zur Beurteilung von „Held“ und „Antiheld“ an:
Während der Zeit des Dritten Reiches haben ungeheure, unermessliche Schrecken und Verbrechen stattgefunden. Mir kommt es fast zwingend vor, dass in der Aufarbeitung dieser Schrecken und Verbrechen zunächst wenig Platz war für Grautöne. Zunächst hätten die Grautöne die Verbrechen eher verwischt als verdeutlicht. Doch das hatte zur Folge, dass die vielen Millionen Mitläufer und Systemerhalter fein heraus waren. Sie befanden sich außerhalb der zentralen Perspektive: hier Täter, dort Opfer. Ich glaube, es ist bis heute äußerst bequem, an dieser Perspektive festzuhalten: Schuld waren die Täter. Man gibt ja auch heute ungern zu, dass neunzig Prozent der Bevölkerung mit dem Strom schwimmen und dadurch für den weiteren Gang der Dinge ausschlaggebend und mitverantwortlich sind. Wir wissen, unser Lebensstil ist nicht nachhaltig, wir zerstören unsere Lebensgrundlage. Und obwohl uns vieles unrecht vorkommt, machen wir weiter. So gesehen, der Mensch lebt auch heute unter der Drachenwand.

Frau Tsitiridou möchte von Geiger wissen, wie er sich in dem Zeitraum (10 Jahre) gefühlt habe, in dem er bemüht gewesen sei, seinen Hauptfiguren „echtes Leben“ einzuhauchen.
[...] Insgesamt bin ich ein eher ängstlicher Mensch, immer auf der Hut. Und der Roman riskiert doch einiges in seiner Herangehensweise: dass er nicht rückblickend erzählt, sondern unmittelbar aus der Zeit heraus. Und ein Wehrmachtssoldat als Protagonist! Sehr heikel! Mir war klar, ein schlechtes Buch über einen Wehrmachtssoldaten kann ich mir nicht leisten, davon würde ich mich zehn Jahre lang nicht erholen. So gesehen bilden meine Romanfiguren und ich während des Schreibens eine Art Notgemeinschaft. Und es ist ein wunderbares Gefühl, wenn ich merke, es fährt Atem und Pulsschlag in die Figuren.

Olga Tsitiridou erkundigt sich, ob er nicht erstaunt sei, wenn ihm Passagen und „Bilder“ besonders gut gelungen seien.
Tatsächlich ist das Schreiben ein kreativer Beruf im Wortsinn: Ich erfinde nicht nur, ich erschaffe etwas. Bei einem Roman, wenn er vorliegt, handelt es sich um etwas Tatsächliches, etwas Existierendes. Das hat schon etwas Erstaunliches. Und jetzt, da es den Roman gibt, gibt es auch Veit Kolbe und Margot Neff, den Brasilianer und Oskar Meyer [...]

Die Interviewerin schließt die Frage an, wie Geiger sich den idealen Leser vorstelle.
Ein Roman soll den Lesern die Möglichkeit bieten, neue Perspektiven auf die Welt auszuprobieren. Ich probiere beim Schreiben Perspektiven aus und biete sie den Lesern probehalber an. Zu versuchen, die Welt mit den Augen der anderen zu sehen, ist nicht nur ein subtiles menschliches Vergnügen, sondern auch eine moralische Pflicht – weil es das beste Mittel gegen jede Art von Radikalität und Fundamentalismus ist. Fundamentalisten weigern sich, die Welt mit den Augen der anderen zu betrachten. Im Fall von *Unter der Drachenwand* ging es unter anderem darum, nachvollziehbar zu machen, wie es sich anfühlt, im fünften, sechsten Kriegsjahr zu leben. Das hat auch für uns heute große Relevanz: sich unmittelbar zu vergegenwärtigen, wie Krieg auch abseits der Schlachtfelder das Private aushöhlt, Gestaltungsmöglichkeiten verhindert, Selbstvertrauen zerstört.

Quelle: Arno Geiger: „Der Mensch lebt auch heute unter der Drachenwand.“ Ein Exklusivinterview mit Olga Tsitiridou. (2019)
Unter: https://www.dtv.de/_files_media/downloads/lesekreis-material-drachenwand-1235.pdf (Zugriff 14.03.2021, gek.)

1 Erläutern Sie anhand der Aussagen Geigers, was er unter „Grautönen“ versteht.

2 Prüfen Sie, ob und inwieweit sich Geigers Aussagen auf den vorliegenden Roman beziehen lassen.

3 Wie begründet Geiger die Vorteile, die das Sehen mit anderen Augen (Multiperspektivität) bietet?

Schreibtraining

Interpretation literarischer Texte – Romanauszug

In der Klausur sollen Sie den Nachweis erbringen, dass Sie in der Lage sind, Ihre Interpretationsergebnisse zu einem literarischen Text (Verstehensleistung) schriftlich darzustellen (Darstellungsleistung). Zunächst sollen Sie den vorgelegten Text(-Auszug) anhand bekannter Untersuchungsaspekte beschreiben und anschließend zusammenfassend deuten.

1. Schritt

Aufgabenstellung erfassen – erstes Textverständnis festhalten

- Operatoren (z.B. interpretieren, analysieren, vergleichen), ggf. vorgegebene Untersuchungsaspekte notieren
- Gewichtung der Teilaufgaben beachten
- erste Eindrücke zum Text sowie Basisinformationen festhalten
- Autor(in) Titel, Kapitelangabe, Thema, bibliographische Angaben sowie Textsorte erfassen und einordnen
- Thema und Inhalt des Textes notieren: Einordnung in den inhaltlichen Gesamtzusammenhang der Handlung

2. Schritt

Romanauszug aspektorientiert untersuchen

- kurze Inhaltsangabe skizzieren, Schauplatz und Zeitpunkt des Geschehens beachten
- Text unter vorgegebenen Aspekten bzw. selbst ausgewählten erschließen
- Themen und Probleme erfassen und ggf. textüberschreitende Aspekte einbeziehen, Ergebnisse festhalten
- Charakterisierung der beteiligten Figuren erstellen
- Rolle des Erzählers, sprachliche und erzähltechnische Mittel benennen
- Deutungshypothese formulieren

3. Schritt

Romanauszug interpretieren – Untersuchungsergebnisse bewerten

- inhaltliche (Handlung) und formale Funktion (Aufbau) des Geschehens festhalten
- ggf. textüberschreitende Aspekte berücksichtigen: Autor(in), Epoche, historische und kulturelle Hintergründe
- Deutungshypothese überprüfen und Deutungsthese skizzieren

4. Schritt

Gliederung erstellen

- Arbeitsergebnisse ordnen
- **Einleitung**: vollständigen Einleitungssatz formulieren: Textsorte, Autor(in), Titel, Thema, Erscheinungsdatum, Epoche
- **Hauptteil**: Interpretation des literarischen Textes, ggf. aspekt- bzw. aufgabenorientiert Stellung nehmen
- **Schluss**: Zusammenfassung der Ergebnisse, persönliche Einschätzung, Vergleich mit anderen Deutungsansätzen, Abrundung

5. Schritt

Klausur schreiben

- Interpretationsergebnisse klar und präzise formulieren
- auf den roten Faden achtgeben, auf gedankliche Zusammenhänge und sprachliche Verknüpfungen achten
- Aussagen durch korrekte Zitate stützen
- sachlich-nüchtern schreiben und Fachbegriffe verwenden

6. Schritt

Klausur überarbeiten

- in drei gesonderten Durchgängen prüfen:
  - sprachliche Richtigkeit (Rechtschreibung, Grammatik, Ausdruck) und formale Korrektheit (richtige Zitierweise, Quellenangaben)
  - sachliche Richtigkeit und inhaltliche Stimmigkeit
  - sprachliche Gestaltung (Wortwahl, variantenreicher Satzbau und Gebrauch von Fachbegriffen)

AUFGABENSTELLUNG

Interpretieren Sie den Romanausschnitt aus Arno Geigers Roman: „Unter der Drachenwand" von S. 295, Z. 17–S. 298, Z. 6.

1 Untersuchen Sie die Gestaltung der Figur des Robert Raimund Perttes (des „Brasilianers"). Gehen Sie von seinen Erfahrungen in der Haft aus und beziehen Sie seine Vorgeschichte (Verhaftung) und seine Zukunft (Auswanderung) mit ein.

2 Erläutern Sie die folgende Aussage Kolbes: „Der Brasilianer hatte sich in manchen Dingen verändert, war aber darin, dass er nicht müde wurde, manche Dinge ständig zu wiederholen, der Alte geblieben." (S. 296, Z. 3 ff.)

Schritt 1

Aufgabenstellung erfassen – erstes Textverständnis festhalten

a) Paraphrasieren Sie die Handlungsanweisungen, die mit den einzelnen Operatoren ausgedrückt werden.

„Interpretieren" heißt:

„Erläutern" umfasst:

b) Halten Sie Ihr erstes Textverständnis fest.

c) Notieren Sie, welche Aspekte Sie schwerpunktmäßig in der Figurenanalyse untersuchen wollen (Gedächtnisstützen).

Analyse der äußeren Erscheinung:

Analyse der Figurenkonzeption:

Schritt 2

Romanauszug aspektorientiert untersuchen

a) Fassen Sie den Inhalt des Auszugs und seine Funktion im Gesamtzusammenhang kurz zusammen.

Inhaltswiedergabe:

Einordnung in die Handlung um den Brasilianer:

TIPP

Einen Romanauszug interpretieren

Auch wenn es – wie in dieser konkreten Aufgabenstellung – vorrangig um eine Figurencharakteristik geht, wird von Ihnen erwartet, dass Sie grundlegende Aussagen zur Erzähltechnik und zur sprachlichen Gestaltung treffen, also auf wesentliche textimmanente Aspekte eingehen. Abhängig von der Textgrundlage kann es darüber hinaus sinnvoll sein, auch textüberschreitende Aspekte wie z. B. historische Hintergründe, Epochenmerkmale oder Auskünfte des Autors über sein Werk in Ihre Interpretation einzubeziehen, um zu einem angemessenen Gesamtverständnis der Anlage der Figur zu gelangen.

b) Skizzieren Sie stichwortartig die wichtigsten Fakten zur Erzähltechnik.

c) Notieren Sie ebenfalls stichwortartig Ihre Befunde zur sprachlichen Gestaltung.

d) Skizzieren Sie die historischen und politischen Hintergründe, die für das Verständnis der Denk- und Verhaltensweisen des Brasilianers wichtig sind.

e) Formulieren Sie abschließend eine (vorläufige) Deutungshypothese.

Schritt 3

Romanauszug interpretieren – Untersuchungsergebnisse bewerten

a) Tragen Sie kurz die wichtigsten Ergebnisse Ihrer Figurencharakteristik in die Tabelle ein. Beginnen Sie mit dem Textauszug und blicken Sie dann zurück auf die Vorgeschichte des Brasilianers. Schließen Sie Ihre Figurencharakteristik mit einem Ausblick auf das weitere Schicksal Perttes' ab.

Vorgeschichte des Brasilianers • *äußere Erscheinung:* • *Herkunft (Land, Region, Ort, Familie, Milieu, ...):* • *Beruf, Kompetenzen und soziales Ansehen:*
Zur Person des Brasilianers • *Charaktereigenschaften:* • *politische, religiöse und philosophische Überzeugungen:* • *Erläuterung und Auseinandersetzung mit Kolbes Einschätzung (2. Aufgabe, S. 296, Z. 3ff.):*
Zukunftspläne des Reformbiologen

b) Überprüfen Sie Ihre vorläufige Deutungshypothese und modifizieren Sie sie gegebenenfalls.

Schritt 4

Gliederung erstellen

a) Es hat sich in der Praxis als hilfreich erwiesen, vor Ihrer schriftlichen Ausarbeitung der Aufgaben eine Gliederung zu entwerfen, an der Sie sich dann im Schreibprozess orientieren können. Erstellen Sie eine Gliederung. Orientieren Sie sich an den folgenden Hinweisen.

TIPP

Eine Gliederung erstellen

Einleitung

- enthält den Einleitungssatz (Textsorte, Autor, Titel, Erscheinungsjahr, Thema) sowie einen Überleitungssatz zum Hauptteil
- Vorschlag für den Einleitungssatz (Standardformulierung): Der Roman … von … trägt den Titel … Er ist im Jahr … erschienen und beschäftigt sich mit … Der vorliegende Auszug befindet sich … Er dient als Grundlage für die Klärung …

Hauptteil

- aspektorientierte Interpretation (Figurencharakteristik, Erzähltechnik, Sprache, …) (Aufgabe 1) und genauere Auseinandersetzung mit einem ausgewählten Aspekt: Fortsetzung des Widerstandes gegen die NS-Diktatur (Aufgabe 2), kurze Zusammenfassung und Überleitung zum Schluss
- Vorschläge für die Formulierung des Hauptteils: Zur Person des Brasilianers, der mit bürgerlichem Namen Robert Raimund Perttes heißt, lässt sich sagen, dass …/Sein Charakter lässt sich so beschreiben: …/ Durch seine Art und Weise zu sprechen, wird deutlich, dass …/In der Frage, ob es sich um einen statischen oder eher dynamischen Charakter handelt, kann man …

Schluss

- Abrundung der Darstellung (Ausblick, Deutungsvarianten, eventuell persönliches Urteil)
- Vorschläge für den Schlusssatz: Die Untersuchung der Figur des Brasilianers lässt den Schluss zu, dass …/ Ich finde die Darstellung der Figur …, weil …

b) Ihre Ausarbeitung sollte eine schlüssige, gut nachvollziehbare Abfolge der einzelnen Untersuchungsaspekte, einen „roten Faden" aufweisen. Entwickeln Sie auf der Grundlage Ihrer Gliederung einen „roten Faden" für Ihren Aufsatz. Sie können sich an dem folgenden Tipp orientieren.

TIPP

Einen „roten Faden" entwickeln

Klären Sie zunächst, was Sie als Resultat an den **Schluss** der Klausur setzen wollen. Im vorliegenden Fall könnte man die „Konstante" in der Persönlichkeit des Brasilianers aufgreifen und auf die Fortsetzung seiner öffentlichen Kritik an der NS-Ideologie und ihren Helfershelfern im Staatsapparat verweisen.
Im nächsten Schritt planen Sie die **Einleitung**. Sie können auf die im Tipp zur Erstellung einer Gliederung genannte Standardformulierung zurückgreifen. Nach einem ersten knappen Überblick über den gesamten Textauszug leiten Sie auf den Hauptteil über.
Der **Hauptteil** nimmt den größten Raum ein. Sie bearbeiten den ersten Aufgabenteil, indem Sie die Figurencharakteristik in den Mittelpunkt rücken und dabei ausführlicher auf die Folgen der Haft und deren Vorgeschichte eingehen. Bevor Sie sich der zweiten Teilaufgabe zuwenden, beschäftigen Sie sich mit den Zukunftsperspektiven Perttes'. Achten Sie darauf, dass Sie einen verbindenden Überleitungssatz formulieren.

Schritt 5

Klausur schreiben

a) Verfassen Sie nun entlang Ihrer Gliederung und auf der Grundlage Untersuchungsergebnisse Ihre Klausur. Es geht nicht darum, nur einfach Ihre Untersuchungsergebnisse zu präsentieren, sondern sie im Sinne der Aufgabenstellung schlüssig und schriftlich angemessen zu systematisieren.

Schritt 6

Klausur überarbeiten

a) Sie sollten für Ihre Überarbeitung der Klausur hinreichend Zeit einplanen. Nur kurz vor dem Ende einmal die Ausarbeitung zu „überfliegen", reicht nicht aus, um Fehler zu entdecken oder noch Korrekturen durchzuführen. Die Überarbeitung einer Klausur gestalten Sie am besten nach einem individuellen Fahrplan. Dazu ist es hilfreich, wenn Sie Ihre bisher geschriebenen Klausuren auf Fehler untersuchen und systematisch auswerten.
Überarbeiten Sie Ihre Klausur. Überprüfen Sie anhand der Checkliste, ob Sie alle wichtigen Schritte für Ihre Klausur bedacht haben.

CHECKLISTE ✓

Eine Interpretation eines literarischen Textes überarbeiten

☑ **Inhalt überprüfen**

- Die Aufgabenstellung wurde beachtet, alle Aufgabenteile sind bearbeitet.
- Der Text ist gegliedert in Einleitung – Hauptteil – Schluss.
- Die Einleitung ist vollständig: Textsorte, Autor, Titel, Erscheinungsort und -jahr, ggf. Epoche, zeitlicher Hintergrund, Kapitelangabe und Thema werden genannt.
- In der Einleitung wird eine (sachlogisch) verständliche Deutungshypothese aufgestellt.
- Die Untersuchung des Textauszugs berücksichtigt die wesentlichen Aspekte der Figurenanalyse, die Erzähltechnik und die Sprache.
- Der Hauptteil informiert über das Thema, den Inhalt (auch den vor und – wenn sinnvoll oder in der Aufgabenstellung verlangt – nach dem zu bearbeitenden Ausschnitt) und die Funktion im Kontext.
- Die handelnde Figur wird charakterisiert.
- Schauplatz und Zeitpunkt des Geschehens werden genannt.
- Die Sprechakte (Figurenrede) und die Kommunikation der Personen werden untersucht.
- Wesentliche sprachliche und ggf. rhetorische Mittel werden genannt und erklärt.
- Die Interpretation (Deutung) wird durch Zitate mit entsprechenden Zeilen- bzw. Seitenangaben belegt.
- Textüberschreitende Kenntnisse (z. B. zum Autor, zur Epoche) werden ggf. erläutert.
- Die Deutungshypothese wird überprüft und ggf. berichtigt oder erweitert.
- Der Textauszug wird beurteilt (z. B. Aufbau, formal-inhaltliche Gestaltung).
- Der Textauszug wird bewertet (wenn eine entsprechende Aufgabe gestellt ist).
- Der Schluss fasst nur die wesentlichen Ergebnisse zusammen.

☑ **Ausdruck überprüfen**

- Es ist ein roter Faden zu erkennen (sachlogischer Aufbau).
- Fachsprache wird verwendet.
- Redundanz (unnötige Wiederholungen desselben Inhalts) wird vermieden.
- Die Gedanken bzw. Sätze werden z.B. durch Konjunktionen (Bindewörter) sinnvoll miteinander verbunden, sodass sich ein folgerichtiger Text ergibt, dem die Leser folgen können.
- Endlossätze und zu verschachtelte Sätze werden vermieden.

3 „Katz und Maus"

Mein Lernweg

eA **A Annäherung**
Einen Zugang zu den Themen der Novelle finden

eA **B Handlung und Figuren**
Textimmanente Aspekte der Novelle erschließen

eA **C Zwei Geschichten**
Erzähltechnik, sprachliche Gestaltung und Gattungsmerkmale untersuchen

eA **D Kontexte**
Textüberschreitende Aspekte für die Deutung heranziehen

eA **E Im Widerstreit der Meinungen**
Ansichten über den Autor und sein Werk kennenlernen

Szenenfoto aus dem Film *Katz und Maus* (BRD 1967, Regie: Hansjürgen Pohland)

Katz und Maus, R: Hansjürgen Pohland, BRD 1967 © ullstein bild (Ursula Röhnert), Berlin

Günter Grass: *Katz und Maus*. Buchcover (2014)

DTV GmbH & Co. KG, München

1 **Beschreiben Sie das Bild aus der Verfilmung und das Cover zum Buch und vergleichen Sie die beiden miteinander.**

55 → **2** **Entwerfen Sie aufgrund des Filmbildes und des Covers einen möglichen Handlungsverlauf. Skizzieren Sie, welche Bedeutung dabei dem Ritterkreuz zukommen könnte.**

3 **Tauschen Sie Ihr Vorwissen über Günter Grass, seine Novelle und die Verfilmung aus.**

eA A

Annäherung

Einen Zugang zu den Themen der Novelle finden

1 Verfolgen Sie die Entwicklung der Figur Mahlkes. Setzen Sie dazu die tabellarische Handlungsübersicht lektürebegleitend fort.

Kapitel Seiten	Zeit	Auftretende Personen	Handlungsschritte Inhalt	Motive
I *S. 5–S. 19*	*1940* *Kurz nach Kriegsbeginn Rückblende (1939)*	*Mahlke* *Erzähler (Pilenz) Mitschüler*	• *Pilenz setzt eine Maus auf Mahlkes Adamsapfel und lenkt damit die Aufmerksamkeit seiner Mitschüler auf diesen Makel.* • *Mahlke setzt nun alles daran, um von seinem Adamsapfel abzulenken.*	*Adamsapfel*
II *S. 20–S. 31*				
III *S. 32–S. 39*				
IV *S. 40–S.50*				
V *S .51–S. 57*				
VI *S. 58–S. 67*				
VII *S. 68–S. 80*				
VIII *S. 81–S. 92*				
IX *S. 93–S. 105*				
X *S. 106–S. 113*				
XI *S. 114–S. 121*				
XII *S. 122–S. 133*				
XIII *S. 134–S. 150*	*10/1959*	*Mahlke* *Pilenz*	*Fortsetzung der Suche nach Mahlke*	*Hoffnung*

2 Pilenz notiert seine Erinnerungen an seinen ehemaligen Mitschüler Joachim Mahlke:

Und seine Seele wurde mir nie vorgestellt. Nie hörte ich, was er dachte. Am Ende bleiben sein Hals und dessen viele Gegengewichte.

Welche Rückschlüsse lassen sich aus Pilenz' Aussage über die Beziehung der beiden ableiten.

3 Worum geht es in Günter Grass' Novelle *Katz und Maus*? Suchen Sie aus den Vorschlägen sechs Aspekte heraus, die offensichtlich für denjenigen, der die Novelle erfunden hat (vgl. S. 6), von Bedeutung sind und denen er die meisten Seiten widmet.

Verwirklichung von individuellen Glücksansprüchen/Erwachsenwerden von Jugendlichen im Krieg/ Umgang mit Sexualität/Umgang mit Schuld(gefühlen)/Nachruf auf einen guten Freund/Verhältnis der Kirche zum Nationalsozialismus/Rekrutierung von jungen Männern für den Krieg/Therapeutisches Schreiben/Anpassung und Widerstand/Überwindung von Außenseitertum durch Überkompensation

1) Vorschlag: Erwachsenwerden von Jugendlichen im Krieg

Die Hauptfiguren, Joachim Mahlke und Pilenz sowie ihre Schulkameraden und Tulla Pokriefke, besuchen gemeinsam das Gymnasium. Sie erwerben das Abitur, werden zunächst zum Reichsarbeitsdienst, dann als Soldaten eingezogen.

WISSEN

Leitmotiv

Unter einem Leitmotiv versteht man eine formelhaft wiederkehrende Wort- oder Bildfolge, ein sich wiederholendes Handlungselement oder eine charakteristische Redewendung, die den Text durchzieht. Durch häufige Wiederholung verbindet ein Leitmotiv verschiedene Textpassagen miteinander. Leitmotive vermitteln vielfach Stimmungen oder verweisen auf bestimmte Entwicklungen. Oft fallen sie nicht sofort ins Auge und müssen in ihrer Bedeutung für den Text erschlossen werden. Eine Sonderform des Leitmotivs sind sogenannte **Dingsymbole**. Dabei kann es sich um Gegenstände, Tiere oder Pflanzen handeln, die in unterschiedlichen Kontexten wiederkehren.

4 Ermitteln Sie zentrale Leitmotive und Dingsymbole der Novelle und erläutern Sie sie kurz.

eA **B**

Handlung und Figuren

Textimmanente Aspekte der Novelle erschließen

WISSEN

Figurenkonstellation

In einer Figurenkonstellation veranschaulicht man die sozialen Beziehungen der Hauptfigur(en) zueinander. Häufigste Varianten sind: Protagonist versus Antagonist, Protagonist als Zentralfigur und mehrere Protagonisten in einer Dreieckskonstellation. Dabei können die Figuren auch nach ihrer Zugehörigkeit zu „Gruppen" (Jugendliche/Erwachsene oder Schüler/Lehrer, ...) angeordnet werden. Der Vorteil des **Skizzierens des Figurengeflechts** besteht darin, dass leichter augenscheinlich wird, wie die einzelnen Figuren sich beeinflussen und welche Ideen oder Ziele sie verfolgen.

1 Skizzieren Sie probeweise die Modelle „Protagonist und Antagonist" und „Zentralfigur".

Protagonist versus Antagonist

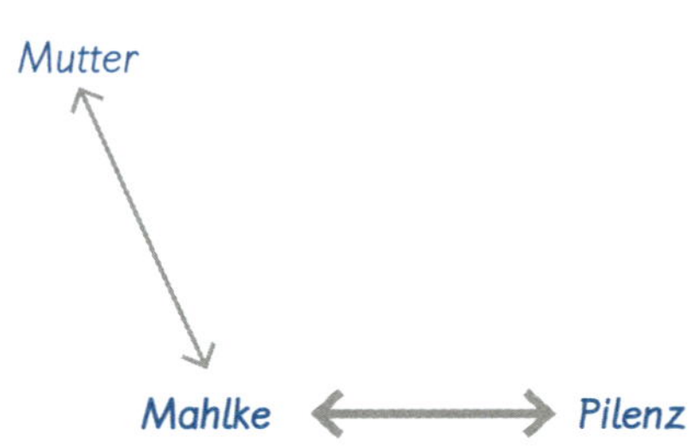

Zentralfigur

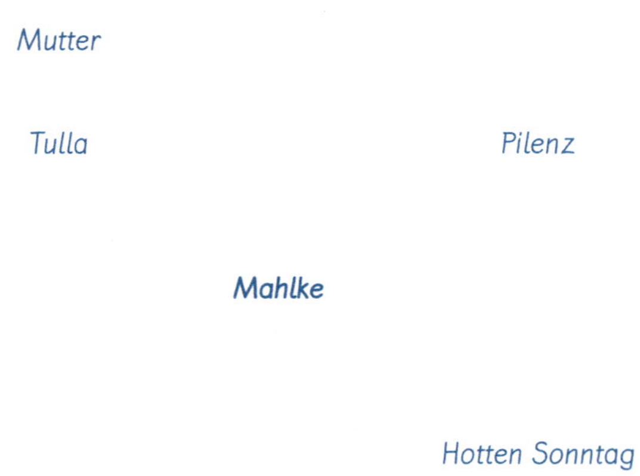

2 Vergleichen Sie die entstandenen Skizzen miteinander. Welches Modell wird Ihrer Meinung nach der Novelle am ehesten gerecht? Begründen Sie Ihre Entscheidung.

3 Stellen Sie dar, wie das bevorzugte Modell die Interpretation der gesamten Novelle und insbesondere die Figur Mahlkes oder Pilenz' beeinflusst.

4 Erörtern Sie, ob sich der unter der Rubrik „Wissen" behauptete Vorteil einer Skizze der Figurenkonstellation für das Verständnis der Novelle tatsächlich ergeben hat.

5 Analysieren Sie Mahlkes Pubertät und Adoleszenz. Wie verlaufen diese Phasen? Gibt es Auffälligkeiten (im Vergleich zu anderen Gleichaltrigen)?

Pubertät (biologische Entwicklung):

Adoleszenz (längere Entwicklungsphase, die über die „Pubertät" hinaus fortdauert)

Körperliche Reifung:

Psychische Entwicklung (Identitätssuche, Entwicklung der Wertevorstellungen):

Veränderungen im sozialen Umfeld (Eltern, Peergroups, Interesse am anderen Geschlecht):

6 Mahlke und seine Mitschüler werden im Zweiten Weltkrieg erwachsen. Zu ihren persönlichen Erfahrungen gehören die Zugehörigkeit zu Jugendorganisationen des NS-Staates, der Einzug in den Reichsarbeitsdienst und die Teilnahme am Krieg als Soldat. Skizzieren Sie Mahlkes „Werdegang" unter diesen besonderen Umständen.

Mahlkes Distanz zu den Jugendorganisationen des NS-Staates und zum Reichsarbeitsdienst

Mahlkes Beweggründe für den Diebstahl des Ritterkreuzes und die Änderung seiner Ansichten

Die Einstellungen und Überzeugungen des Ritterkreuzträgers

Mahlke ist kriegsmüde, er desertiert (S. 136).

18 → **7** Erstellen Sie eine Figurencharakteristik zu Joachim Mahlke.

Persönliche Daten

1925 in Danzig geboren, einziges Kind, lebt bei Mutter und Tante, Halbwaise (der Vater ist 1934 als Lokomotivführer tödlich verunglückt).

Äußere Erscheinung:

Szenenfoto aus dem Film *Katz und Maus* (BRD 1967, Regie: Hansjürgen Pohland)

Katz und Maus, R: Hansjürgen Pohland, BRD 1967 © ddp media GmbH, Hamburg

Besondere (unverwechselbare) Merkmale:

Verhaltensweisen:

Charaktereigenschaften:

Der junge Schüler:

Umgang mit Mitmenschen:

Mahlkes Religiosität:

WISSEN

Das Ritterkreuz zum Eisernen Kreuz

Am 1. September 1939, dem Tag des Überfalls auf Polen, erneuerte Hitler die Stiftung des Eisernen Kreuzes. Dieses wurde bis dahin als preußisch-deutsche Tapferkeitsauszeichnung in zweiter und erster Klasse von 1813 bis zum Ende des Ersten Weltkriegs 1918 an deutsche Soldaten verliehen. Mit der Neuprägung von 1939 wurde das Ritterkreuz als höchste Auszeichnung neu eingeführt. Es glich in Form und Gestaltung den Ausführungen der beiden ersten Klassen. Allerdings fiel die Neuausführung etwas größer aus, und ein Hakenkreuz dominierte nunmehr in der Mitte. Getragen wurde es als Halsorden am Band in den Reichsfarben Schwarz-Weiß-Rot.
Hitler entschied persönlich, wer berechtigt war, das Ritterkreuz für herausragende Tapferkeit und erfolgreiche Kampfführung verliehen zu bekommen. Ausgezeichnet werden konnten alle Männer unabhängig vom Dienstgrad. Die Träger des Ritterkreuzes galten als „Helden" und durch die NS-Propaganda erhielten sie großes Ansehen und genossen eine hohe Popularität.

8 Mahlke reagiert (wie auch die anderen Mitschüler) auf die Vorträge der Ritterkreuzträger in der Schule. Notieren Sie zunächst in Stichworten, wie der Schulleiter und die Ritterkreuzträger (ehemalige Schüler der Schule) die Jungen als Soldaten gewinnen wollen. Verfassen Sie anschließend einen zusammenhängenden Text, in dem Sie auch auf die Reaktionen (Anpassung/ Ablehnung) der Umworbenen eingehen.

Szenenfoto aus dem Film *Katz und Maus* (BRD 1967, Regie: Hansjürgen Pohland)

Katz und Maus (BRD 1967, Regie: Hans Jürgen Pohland)
© Stiftung Deutsche Kinemathek, Berlin

Die Einleitungs- und Schlussworte des Schulleiters ______

______

Der Vortrag des Leutnants der Luftwaffe ______

______

Der Vortrag des Kapitänleutnants ______

______

Die Reaktionen einiger Mitschüler und ihr Verhältnis zum Krieg ______

______

9 Die Beziehung von Pilenz und Mahlke wird durch starke Schwankungen bestimmt. Stellen Sie auf der folgenden Seite die Entwicklung und den Verlauf dieser Beziehung dar.

Die folgenden Seiten ermöglichen Ihnen den Nachvollzug: S. 5 f., 9–11, 22 f., 25–27, 35, 38 f., 44 f., 46 f., 50, 56, 62, 65, 67, 77, 82 f., 86–89, 91, 95, 105, 109, 113, 116, 120, 122 f., 127, 132, 135–137, 142, 144, 147–150

Zu Beginn der Beziehung (S. 5– 67):

dortes 71

Nach dem Umschwung (S. 68– 92):

Nach dem Schulwechsel bis zum Ende der Novelle (S. 93– 150):

10 Untersuchen Sie anhand der Darstellung die „Rollenverteilung“ zwischen Pilenz und Mahlke. Wer ist demnach die Katze und wer die Maus? Begründen Sie Ihre Ansicht.

WISSEN

Schuld

„Schuld" stellt einen strafrechtlichen Begriff dar. Man versteht darunter eine persönliche Verantwortung für ein begangenes Unrecht. Eine Tat kann nur Unrecht sein, wenn sie unter einer Strafandrohung steht.

11 Pilenz stellt häufiger die Frage, ob er sich „schuldig" gemacht habe. Stellen Sie fest, welche Tat er meinen könnte, und nehmen Sie begründet Stellung.

12 Skizzieren Sie die Persönlichkeit Pilenz'. Unterscheiden Sie dazu zwischen dem erlebenden Ich (1939–1944) und dem erinnernden Ich (1959).

Der junge Pilenz, das erlebende Ich ist

Der erwachsene Pilenz, das erinnernde Ich ist

Claudia Wüstenhagen: Tagebuch schreiben: Schreib dich frei (2016)

[James Pennebaker] begründete in den achtziger Jahren eine neue Form der Therapie, die heute weit verbreitet ist: das expressive Schreiben. Menschen schreiben dabei über ein persönliches Erlebnis, das sie belastet. Sie stellen sich den schweren Gefühlen und fassen in Worte, was ihnen Kummer bereitet.
[...] Belastende oder traumatische Erlebnisse in Worte zu fassen kann der Seele helfen und den Körper stärken. Das Schreiben fördert die Aktivität des Immunsystems, wirkt wohltuend bei Erkrankungen und lindert depressive Symptome. [...]
Intuitiv kennen Menschen die Heilkraft der Worte seit jeher. [...] Weltberühmt ist *Das Tagebuch der Anne Frank*. Oder Franz Kafkas *Brief an den Vater*. [...] Worte können Angst lindern. Allein dem Gefühl ein verbales Etikett anzuheften senkt häufig schon die Intensität der Empfindung. [...]
Expressives Schreiben hilft vor allem dann, wenn die Verfasser das Erlebte in eine erzählerische Struktur einbetten. Wenn sie Einsichten gewinnen, Zusammenhänge erkennen und die Perspektive wechseln. [...] Es scheint vorteilhaft zu sein, die Blickrichtung zu ändern, andere Menschen und Sichtweisen einzubeziehen. Auch eine hohe Anzahl von Begriffen, die für Einsicht oder kausale Zusammenhänge stehen, ist hilfreich: Wer Formulierungen wie „mir wurde klar" oder „ich verstehe, warum" verwendet, ist auf einem guten Weg.
Beim Schreiben, [...], sortieren wir lose Fragmente von Eindrücken, Gefühlen und Gedanken und fügen sie zu einer schlüssigen Geschichte zusammen. [...] Lose Fäden werden dabei so verschnürt, dass sie den Geist nicht mehr immerzu beschäftigen. Menschen verfangen sich dann weniger in Grübelschleifen und werden seltener von Erinnerungsfetzen gequält, die sie mühsam unterdrücken müssen. [...]
Wer für sich selbst ein Narrativ [Möglichkeit zu erzählen] gefunden hat, wer das Unsagbare doch sagen kann, der kann auch seinen Mitmenschen davon erzählen. Er kann aus der Einsamkeit ausbrechen und seine Erfahrung teilen. [...]

Quelle: Claudia Wüstenhagen: Tagebuch schreiben: Schreib dich frei. In: Die Zeit, Nr. 14 v. 23.3.2016. Unter: https://www.zeit.de/2016/14/tagebuch-schreiben-schreibtherapie-trauma-behandlung-psychologie-james-pennebaker (Zugriff 14.03.2021, gek.)

13 Fassen Sie die Kernaussagen Wüstenhagens zum expressiven Schreiben kurz zusammen.

14 Pilenz ist nicht nur „so gut wie befreundet" (S. 86) mit Mahlke gewesen, er ist auch der Erzähler (Chronist) dieser „Freundschaft". Mehrfach bemüht er sich, den Lesern diese Zusammenhänge zu erklären. Kommentieren und erläutern Sie die Aussagen des „Schuldigen" oder desjenigen, der sich „schuldig" fühlt.

I [1959] *
Ich aber, der ich Deine Maus einer und allen Katzen in den Blick brachte, muß nun schreiben. Selbst wären wir beide erfunden, ich müßte dennoch. Der uns erfand, von berufswegen, zwingt mich wieder und wieder deinen Adamsapfel in die Hand zu nehmen, ihn an jeden Ort zu führen, der ihn siegen oder verlieren sah, [...].

Adamsapfel/Mitschüler
Zwang zum Schreiben

VIII [1959]
Denn hätte Mahlke das Ding unter Deck verstaut; oder besser noch, wäre ich nie mit Mahlke befreundet gewesen; oder noch besser, beides zusammen: das Ding weg, [...] und ich nur locker, aus Neugierde, [...] an Mahlke gebunden – dann müßte ich jetzt nicht schreiben, müßte nicht zu Pater Alban sagen: „War es meine Schuld, wenn Mahlke später ..." – Aber ich schreibe, denn das muß weg.

X [1959]
Pater Alban: „Setzen Sie sich einfach hin, lieber Pilenz, und schreiben Sie drauflos. Sie verfügen doch, so kafkaesk sich Ihre ersten poetischen Versuche und Kurzgeschichten lasen, über eine eigenwillige Feder: [...] schreiben Sie sich frei – der Herrgott versah Sie nicht ohne Bedacht mit Talenten."

XIII [1959] Wer schreibt mir einen guten Schluß? Denn was mit Katze und Maus begann, quält mich heute [...].

Quelle: Günter Grass: Katz und Maus. dtv, München 2014, S. 8, 85, 100, 142

15 Vergleichen Sie die Aussagen Wüstenhagens (S. 57) mit den Überlegungen Pilenz'. Prüfen Sie, ob und inwieweit sich Pilenz durch das expressive Schreiben von seinen Schuldgefühlen hat befreien können.

16 Es gibt Stimmen, die behaupten, dass in *Katz und Maus* zwei Geschichten erzählt werden: einerseits die Geschichte zwischen Mahlke und Pilenz und andererseits die „Beichte" des Erzählers. Nehmen Sie zu dieser These begründend Stellung.

* Textauszüge in alter Rechtschreibung

eA C

Zwei Geschichten

Erzähltechnik, sprachliche Gestaltung und Gattungsmerkmale untersuchen

28 → **1** Untersuchen Sie die nachfolgenden vier Aspekte zur **Erzähltechnik**.

Aspekt	Erscheinungsform	Beispiele aus dem Text
Erzählform	*Ich-Erzähler*	*„Ich hätte zum Zahnarzt gehen sollen, aber sie ließen mich nicht, weil ich als Trickspieler schwer zu ersetzen war." Später gibt sich der Erzähler als Pilenz zu erkennen. (S. 5)*
Erzähl-perspektive		
Erzähl-verhalten		
Erzähl-haltung		

WISSEN

28 →

Raum- und Zeitgestaltung

Die Aspekte Raum- und Zeitgestaltung gehören zur Erzähltechnik eines epischen Textes.
Die **Raumgestaltung** umfasst die Untersuchung
- der **Schauplätze** und Orte der Handlung
- des **sozialen Raumes** (soziale Umwelt, die Einfluss auf das Denken und Fühlen der Figuren ausübt)
- des **Stimmungsraumes** (Atmosphäre, Wetterphänomene, usw., die sich auf das Empfinden auswirken)
- des **symbolischen Raumes** (die Darstellung hat Verweischarakter)

Bei der Analyse der **Zeitgestaltung** werden folgende Aspekte untersucht:
- das Verhältnis von **Erzählzeit** (Zeit, die zum Lesen des dargestellten Geschehens benötigt wird) und **erzählter Zeit** (Zeitraum der Handlung vom Beginn bis zum Ende)
- das **Erzähltempo**: Zeitdeckung, -dehnung und -raffung
- die **zeitliche Ordnung** des Geschehens: Vorausdeutung, Zeitsprung und Rückblende

2 Benennen und erläutern Sie geeignete Beispiele für die Raumgestaltung.

Schauplätze und Orte der Handlung: Danzig/Neufahrwasser/...

Soziale Räume:

Stimmungsräume:

Symbolische Räume:

3 Benennen und erläutern Sie geeignete Beispiele für die Zeitgestaltung.

Verhältnis von Erzählzeit und erzählter Zeit:

Tempo:

Ordnung:

30 → **4** Suchen Sie für die nachfolgenden sprachlichen Mittel nach Belegen oder den Fachbegriffen.

Bezeichnung	Belege	Seite
Wortfiguren		
Akkumulation *Neologismus*	*„[...] ein besonderer, kein schlechter, kein guter, ein legendärer Ruf anhing"*	*27*
Syntaxfiguren und -aspekte		
Hypotaxe	*so lasse ich, ... werfe ein Volk ..., nenne das Wetter ..., vermute, daß ...*	*6*
	Dabei hatte keiner von uns, die wir... von Mahlke verlangt, nochmals ... zu tauchen Minensuchbootes, das ... abgesoffen war.	*6 f.*
Phrase/Floskel		
Sprachliche Bilder		
Allegorie *Metonymie*	*„[...] dem Boot, das gleich einer festlich geschmückten Braut, übersprüht von Gischtschleiern, der todbringenden Hochzeit entgegenzieht."* *„Mein Zahn trat auf der Stelle." „Mein Zahn wiederholte ein einziges Wort."*	
Dingsymbol		
Sprachebenen		
Alltagssprache	*„Nich nachem Baden."... „Oder kannste das nich? Willste nich? Darfste nich?"*	
Klangfigur		
	„Einer von uns, aus unserer Mitte, aus dem Geist unseres Gymnasiums ..."	

5 Beschreiben und erläutern Sie zusammenfassend die Funktion der Sprache in der Novelle.

6 Günter Grass hat seinen Text dem Genre **Novelle** zugeordnet. Prüfen Sie, ob *Katz und Maus* Merkmale einer Novelle aufweist und belegen Sie Ihre Einschätzung mit passenden Zitaten.

Typische Merkmale einer Novelle	Entsprechungen in Katz und Maus
Prosaerzählung mittlerer Länge	
Vorhandensein eines Leitmotivs oder Dingsymbols	
Einbettung in eine Rahmenerzählung	
Aufbau: Spannungsaufbau, Höhepunkt, Spannungsabfall	
zielorientierte Straffung der Handlung	
enthält einen zentralen Konflikt	
schildert eine denkwürdige, ungewöhnliche Begebenheit	
zeigt einen krisenhaften Ausschnitt aus dem Leben	
weist häufig statische Figuren auf	

7 Fällen Sie abschließend ein eigenes Urteil.

Ich komme zu dem Ergebnis, dass ______________________________

____

Kontexte

Textüberschreitende Aspekte für die Deutung heranziehen

Sabine A. Haring: Der Neue Mensch im Nationalsozialismus und Sowjetkommunismus (2016)

Bereits in *Mein Kampf* hatte Hitler die Grundsätze für den Sport- und Geschichtsunterricht sowie die Orientierung am Heer als der „höchsten Schule vaterländischer Erziehung“ festgelegt. Unhintergehbare Voraussetzung für die „Neuwerdung“ war die „rassische Gesundheit“ beziehungsweise „Blutreinheit“. Mit dieser eng verbunden war die körperliche Gesundheit, der Hitler im Rahmen der Erziehung oberste Priorität einräumte. Der charakterlichen Erziehung wiederum wurde ein höherer Wert als der wissenschaftlichen Erziehung beigemessen. Die staatliche nachschulische Erziehung sollte für die männliche Jugend schließlich in der militärischen Ausbildung gipfeln. Die „Um-“ beziehungsweise „Formationserziehung“ sollte dabei vorrangig durch „ständige Mobilisierung und Reproduktion von partei-, später regime-konformer Gesinnung und deren Kontrolle erfolgen. Die dafür nötigen Ausdrucks- und Interaktionsformen (Paraden, Demonstrationen, Rituale) trennte Hitler geschickt ‚aus verschiedenen gesellschaftlichen Bereichen (Militär, Arbeiterbewegung, Kirche, Werbung) von den ihnen traditionell zugeordneten Inhalten ab‘ und machte sie ‚der Agitation für das zu erwartende Dritte Reich und damit dem emotionalen Konsum von Sehnsuchtsgefühlen und Omnipotenzphantasien verfügbar‘. [...] Dieses Muster diente später als Vorbild für alle anderen Organisationen mit einem (Um-)Erziehungsanspruch, insbesondere für Hitler-Jugend (HJ), Bund Deutscher Mädel (BDM) und Reichsarbeitsdienst (RAD), wobei [...] Lager und Kolonne die adäquaten Mittel des Nazifizierungsprozesses darstellten.“

Zum Zweck der Schaffung des Neuen Menschen sollte das Leben des Einzelnen von der Wiege bis zur Bahre organisiert werden. Der erste Schritt auf diesem Wege war die „effektive“ Sozialisation der Kinder und Jugendlichen. In Fragen der Erziehung erhob das „Dritte Reich“ den Alleinvertretungsanspruch. Die älteren Kinder und die Jugendlichen wurden im Verband des Jungvolkes (zu diesem zählten die 10- bis 14-Jährigen, die sogenannten Pimpfe), im Verband der Jungmädel (10- bis 14-Jährige), im BDM und in der HJ mit nationalsozialistischen Inhalten vertraut gemacht und zur körperlichen Ertüchtigung, die bei den Jugendlichen durchaus bereits von paramilitärischem Charakter war, erzogen: „Die Gesinnungsgemeinschaft sollte zur ‚Formation‘ werden.“

1928 wurde Baldur von Schirach zum Reichsführer des NS-Studentenbundes, 1931 zum Reichsjugendführer der NSDAP und schließlich 1933 zum „Jugendführer des Deutschen Reiches“ ernannt. [...]

1939 wurde schließlich die Zwangsmitgliedschaft in der „Staatsjugend“ eingeführt; bereits zuvor war die HJ, die jede freie Minute der Jugendlichen bestimmte, zum wichtigsten Erziehungsträger neben Schule und Elternhaus geworden. Sport, Singen, ausgedehnte Fahrten und Zeltlager, Heimatabende, an denen die Kinder „weltanschaulich" geschult wurden, Reichssportwettkämpfe und vieles mehr fanden im Rahmen der HJ statt, die Anfang 1939 Sondereinheiten – beispielsweise die Marine-HJ, die Motor-HJ, die Flieger-HJ und die Nachrichten-HJ – bildete. Der „Schulung von Körper und Geist“ waren auch die Mädchen verpflichtet, denn insbesondere sie seien für „die Reinerhaltung des Blutes als Teil des nationalen Blutbestandes“ verantwortlich. Demgemäß hätten sie ihre „körperlichen Anlagen so zu entwickeln, dass die von ihnen weitergegebene Erbmasse die Nation bereichert“. Der Neue Mensch sollte „gesund, kräftig, stark, wenn möglich blond [...] und selbstverständlich arisch sein“. Die nationalsozialistischen Jugendlichen waren also umgeben von einem Netz von Organisationen, die sie in das Kollektiv eingliedern, ferner die Ausbildung individueller Identitäten verhindern und die Jugendlichen schließlich „gleichschalten“ sollten.

Quelle: Sabine A. Haring: Der Neue Mensch im Nationalsozialismus und Sowjetkommunismus. (09.09.2016)
Unter: https://www.bpb.de/apuz/233462/der-neue-mensch-im-nationalsozialismus-und-sowjetkommunismus?p=all
(Zugriff 14.03.2021, gek.)

1 Stellen Sie auf der Grundlage des Textes ein Glossar zu den wichtigsten Erziehungszielen der NS-Ideologie zusammen, indem Sie die Schlüsselbegriffe mit eigenen Worten umschreiben.

2 Erörtern Sie, ob und inwiefern Grass seine jugendlichen Protagonisten in seiner Novelle den oben skizzierten Erziehungszielen aussetzt.

WISSEN

Gesetz über die Verbreitung jugendgefährdender Schriften, § 1 (Fassung von 1961)

(1) Schriften, die geeignet sind, Kinder oder Jugendliche sittlich zu gefährden, sind in eine Liste aufzunehmen. Dazu zählen vor allem unsittliche, verrohend wirkende, zu Gewalttätigkeit, Verbrechen oder Rassenhass anreizende sowie den Krieg verherrlichende Schriften. Die Aufnahme ist bekanntzumachen.
(2) Eine Schrift darf nicht in die Liste aufgenommen werden
1. allein wegen eines politischen, sozialen, religiösen oder weltanschaulichen Inhalts;
2. wenn sie der Kunst oder der Wissenschaft, der Forschung oder der Lehre dient;
3. wenn sie im öffentlichen Interesse liegt, es sei denn, dass die Art der Darstellung zu beanstanden ist.

Quelle: § 1 Gesetz über die Verbreitung jugendgefährdender Schriften (Fassung 1961). Unter: https://www.bgbl.de/xaver/bgbl/start.xav?start=//*%5B@attr_id=%27bgbl161s0497.pdf%27%5D#__bgbl__%2F%2F*%5B%40attr_id%3D%27bgbl161s0497.pdf%27%5D__1615723013081 (Zugriff 14.03.2021, gek.)

Günter Grass verfasste seine „Danziger Trilogie" fast zum Ende der Ära Adenauer (1949–1963). Den Auftakt bildete der Roman „Die Blechtrommel" (1959). Zwei Jahre später ließ er die Novelle „Katz und Maus" folgen, 1963 erschien mit dem Roman „Hundejahre" der letzte Band. Der Auftaktband ließ den Autor schlagartig in der Bundesrepublik bekannt werden. Die folgende Novelle „Katz und Maus" löste einen enormen Skandal aus, da sie sich mit gesellschaftlichen Fragen (der Auseinandersetzung mit der nationalsozialistischen Vergangenheit und den Ansichten der Hauptfigur zur Heiligenverehrung in der katholischen Kirche) sowie dem Thema Sexualität (Umgang von Heranwachsenden mit Sexualität) beschäftigte, die von vielen Zeitgenossen bis dahin tabuisiert worden waren. Ein Mitglied eines Landesministeriums in Hessen stellte 1962 deshalb den Antrag, das Buch auf die Liste der jugendgefährdenden Schriften setzen zu lassen. Die Begründung lautete:

Die Schrift enthält zahlreiche Schilderungen von Obszönitäten, die geeignet sind, Kinder und Jugendliche sittlich zu gefährden. Auf die Seiten […] wird verwiesen. Die beanstandeten Passagen, die derartige bis ins Einzelne gehende Szenen mit betonter Ausführlichkeit bringen, sind ohne jeden erkennbaren Sinn in die Erzählung eingestreut worden. Die Art und Weise dieser Darstellungen lässt den Schluss zu, dass sie nur des obszönen Reizes willen aufgenommen wurden. Sie sind geeignet, die Phantasie jugendlicher Leser negativ zu belasten, sie zu sexuellen Handlungen zu animieren und damit die Erziehung zu beeinträchtigen.
Sie sind deshalb auch in keiner Weise mit der im Klappentext gedeuteten Absicht des Autors in Einklang zu bringen.
Der Inhalt der Erzählung hat das Leben und Treiben von Schülern einer Sekunda-Klasse während des 2. Weltkrieges in Danzig zum Gegenstand. Im Mittelpunkt steht der Held, oder richtiger gesagt, der von seinen Kameraden zum Idol erhobene „Große Mahlke", dessen besonders ausgeprägter Halsknorpel (Adamsapfel) als „Attribut frühreifer Männlichkeit … zur Ursache aller Taten des Jungen, zur Triebfeder für die ‚Karriere' … bis zum Erwerb einer hohen Kriegsauszeichnung" wird. Die sich in diesem Rahmen abspielenden Schilderungen von einzelnen mehr oder weniger banalen Begebenheiten, die im Übrigen ausschließlich negative Erscheinungen aufweisen, verdienen weder vom Stil noch vom Stoff her ein besonderes literarisches Interesse. Wenn auch vielleicht dem Autor eine gewisse Fähigkeit und eine eigene Art des Schreibens nicht abzusprechen ist, kann sein Buch aber unter keinem Gesichtspunkt als der Kunst dienend im Sinne des § 1 Abs. 2 Nr. 2 GjS bewertet werden.
Der Band ist Jugendlichen gleichermaßen zugängig wie jedes andere Buch. Darüber hinaus ist, da es sich um eine „Schülergeschichte" handelt, zu befürchten, dass es gerade unter Jugendlichen zu einer verstärkten Verbreitung führt.

Quelle: Ludwig Leiss: Kunst im Konflikt: Kunst und Künstler im Widerstreit mit der Obrigkeit. Walter de Gruyter, Berlin 1971, S. 437 f.

Stichpunkte

3 Unterstreichen Sie im Text die Vorwürfe, die gegen die Novelle erhoben werden und fassen Sie sie in der Randspalte in Stichpunkten zusammen.

4 Antworten Sie auf die gegen den Text erhobenen Vorwürfe, indem Sie sich dazu positionieren. Berücksichtigen Sie auch das gesamtgesellschaftliche Klima zum Zeitpunkt der Veröffentlichung der Novelle.

Günter Grass in den 1960er Jahren
Interfoto (Friedrich), München

WISSEN

Der Umgang mit der nationalsozialistischen Vergangenheit um 1960

Neben den vielen innenpolitischen Auseinandersetzungen in der Regierungszeit Konrad Adenauers ausgangs der 50-er und anfangs der 60-er Jahre beherrschte vor allem die intensiv geführte Diskussion über die Frage, wie man mit der nationalsozialistischen Vergangenheit umgehen sollte, die öffentliche Meinung. Seit etwa 1958 gab es in der Bundesrepublik Gerichtsverfahren gegen ehemalige hohe Beamte und Soldaten des Hitler-Staates. Auslöser war die Debatte unter anderem um den „Ulmer Einsatzgruppenprozess". Dabei ging es um die Aburteilung von Verantwortlichen und Beteiligten, die an den sogenannten „Erschießungskommandos" oder anderen verbrecherischen Aktivitäten gegen die jüdische Bevölkerung mitgewirkt hatten. 8 → Antisemitische Schmierereien befeuerten 1959 den Streit. Einem Teil der Politiker und weiten Teilen der Bevölkerung ging die Verfolgung dieser Tätergruppen nach 15 Jahren zu weit. Oft wurde die Mitwirkung damit heruntergespielt, dass man sich auf die Ausführung von Befehlen berief oder die Täter als „Mitläufer" zu entschuldigen versuchte. Nicht wenige wünschten sich schon zu diesem Zeitpunkt ein Ende der zahlreich laufenden Verfahren. Seit 1959 bemühte sich die Justiz um die Ermittlung von Belastungsmaterialien, um den Auschwitzprozess beginnen zu können. Die Diskussion verlief zum Teil in sehr unterschiedliche Richtungen. Der einen Partei gingen die Ermittlungen zu weit, die andere Partei warf der Justiz mangelnden Willen zur Aufklärung vor, weil viele Richter noch aus der Hitler-Diktatur ihr Amt ausübten. Zudem spielte der Prozess gegen Adolf Eichmann in Jerusalem (1961) eine Rolle. Eichmann war als hochrangiger SS-Funktionär maßgeblich für die organisierte Vernichtung der Juden verantwortlich. Im Prozess plädierte er auf „nicht schuldig"; er habe stets auf Befehl anderer gehandelt. Das Todesurteil und dessen Vollstreckung gegen ihn wurde von Kreisen genutzt, die immer stärker für ein Ende der Strafverfolgung der Schuldigen eintraten. So erschien Grass' Novelle zu einem Zeitpunkt, an dem man dem Schriftsteller einen unangemessenen Umgang mit den militärischen „Ehrenbezeichnungen" vorwarf und ihn der unberechtigten Einmischung in politische Diskussionen bezichtigte.

Peter W. Jansen: Über die Verfilmung von *Katz und Maus* (1967)

Bereits im Frühjahr 1961 hatte Grass überlegt, seine Novelle verfilmen zu lassen, wobei er selbst das Drehbuch verfassen wollte. Bis zum Beginn der Dreharbeiten vergingen jedoch beinahe 5 Jahre, weil entweder Schauspieler oder Regisseure absagten. Schon während der Dreharbeiten kam es zu politischen Auseinandersetzungen, die sich vor allem um das Thema „Ritterkreuz" drehten. Die Premiere wurde verschoben, nach weiteren Auseinandersetzungen erfolgte die Uraufführung am 7. Februar 1967. Die strittigen Punkte betrafen jedoch nicht die filmtechnischen Fragen. Hier bereitete vor allem die Umsetzung der Rolle des Ich-Erzählers Pilenz einiges Kopfzerbrechen, denn er musste ja sowohl als Heranwachsender als auch älterer Verfasser der Erinnerungen auftreten. Der Filmpublizist und Kritiker Pete W. Jansen schreibt dazu in einem Booklet zum Film:

Katz und Maus ist eine der getreuesten Literaturverfilmungen, die ich kenne. Nicht etwa, weil am Inhalt der Novelle von Günter Grass so wenig wie möglich verändert wurde, sondern weil die Erzählstruktur des literarischen Werks kinematographische Wirklichkeit geworden ist. So belanglos und irrelevant meist der Vergleich von Literaturvorlage und Verfilmung ist, so unerheblich für die Filmkritik, deren Gegenstand der Film ist und sonst gar nichts: Hier hat die Literatur nicht nur ein Erzähltes in Gang gesetzt, sondern das Erzählen selbst.

Die Novelle von Günter Grass ist eine Ich-Erzählung eines Chronisten, der selbst – obwohl er „ich" sagen muss – unbedeutend und unerkennbar bleibt: „Ich, Pilenz – was tut mein Vorname zur Sache." Pilenz ist Randfigur, aber Pilenz muss immer dabei sein, weil das erzählende Ich sonst nichts zu erzählen hat. Eine unnötig schwerfällige Konstruktion, scheint´s, warum wird nicht unmittelbar vom Gegenstand gehandelt, von Joachim Mahlke, dem Schüler mit dem faustdicken Adamsapfel, mit dem „Knorpel", von dem die Aufmerksamkeit abzulenken seine fixe Idee ist, die unentwegt neue Ablenkungen produziert: vom Schraubenzieher bis zum Ritterkreuz am Schnürsenkel um den Hals; warum also wird nicht unmittelbar von Mahlke erzählt, seiner Obsession und seinem Ehrgeiz? Weil die Novelle dann von Mahlkes Obsession und Ehrgeiz erzählte, von Mahlke selbst, und nicht die Geschichte des Joachim Mahlke. Und das ist ein Unterschied. Indem nämlich der Chronist Pilenz die Geschichte des Joachim Mahlke erzählt, reproduziert er angeblich Erinnerung; und mit dem Vorgang der Reproduktion, an dem er den Leser teilnehmen lässt, produziert Grass zugleich das Bewusstsein von Literatur, die sich hier ereignet. Pilenz, der Chronist, der gelegentlich den nur in seiner Erinnerung und Fantasie vorhandenen Schulfreund Mahlke erzählend anredet, [...] ist auch [...] eine Fiktion; die einzige Nicht-Erfindung ist der Autor, der Autor des Buches oder des Films, und ist das Bewusstsein des Lesers oder des Zuschauers.

Auch der Film *Katz und Maus* hat den ich-erzählenden Chronisten Pilenz, den Unvermeidlichen, selbst, wenn er deutlich Randfigur ist. Während jedoch die von den abstrakten Chiffren der Sprache in Gang gesetzte Fantasie mühelos unterscheidet zwischen dem erzählenden Pilenz-Ich und dem erlebenden, und das heißt strukturell: erzählten Pilenz-Ich, während sie also auch die gleichzeitige Anwesenheit verschiedener Ebenen der Zeit und beider Aggregatzustände des Ich akzeptiert, musste für die konkrete Sprache des Films, für die Bildsprache, die der Fantasie ihre Spielwiese auf einer Koppel zuweist, solche Zumutung erst gewagt werden.. [...]

Denn auf Fabrikation, Herstellung von Geschichte sind Novelle und Film gerichtet. Joachim Mahlke ist eine Gestalt, die an den Rändern verschwimmt, sie ist Mutmaßungen unterworfen und nicht psychologisch gefasst – denn schiere Ironie ist die Trivialpsychologie des Adamsapfels, der nach einer Dekoration, lies Kaschierung, schreit, Ironie die Psychologie der „Halsschmerzen". Mahlke ist eine Gestalt, die auftaucht und verschwindet, ohne wieder aufzutauchen, auch in wörtlichem Verstande; er ist eine literarisch-mythische Figur, genauer: eine Vexierfigur, eine Spiegelfigur. Ihre Geschichte ist auch politische Geschichte und Geschichte der Gesellschaft. [...].

Quelle: Peter W. Jansen: Über die Verfilmung von Katz und Maus (1967). In: Hansjürgen Pohland: Katz und Maus, Booklet zum Film 1967. Filmkunst GmbH, München/Goethe-Institut, München, S. 1–3

5 Beschreiben Sie die Probleme, die das Filmteam mit der Erzählinstanz (des erzählenden und erlebenden) Pilenz hat und stellen Sie mögliche Lösungen vor.

6 Sehen Sie sich auf einer Videoplattform im Internet Szenen des Films an und informieren Sie sich genauer über die Erzählstruktur. Vergleichen Sie das Verfahren im Film mit Ihren Vorschlägen.

Christoph Kleßmann: Die Akten schließen? (2008)

Gegen das Vergessen – Erinnerungen wachhalten. So könnte man verkürzt eine der Intentionen Günter Grass' bezeichnen. Mit seiner Novelle und der Verfilmung hat er Möglichkeiten aufgezeigt, an die Umstände zu erinnern, die die Verbrechen ermöglichten. Der Historiker Christoph Kleßmann verweist auf die Probleme, die mit der Vergangenheitsbewältigung verbunden sind.

Als die amerikanischen Truppen im April 1945 große Teile des Deutschen Reiches im Westen bereits besetzt hatten, schrieb die amerikanische Journalistin Martha Gelhorn in einer ihrer Reportagen mit bitterer Ironie über ihre deutschen Gesprächspartner: „Niemand ist ein Nazi. Niemand ist je einer gewesen. Es hat vielleicht ein paar Nazis im nächsten Dorf gegeben [...] Oh, die Juden? Tja, es gab eigentlich in dieser Gegend nicht viele Juden [...] Wir haben nichts Unrechtes getan; wir sind keine Nazis." [...]
Von dem frenetischen Jubel der großen Masse des Volkes für den „Führer" wollten nach 1945 die meisten Deutschen nichts mehr wissen. Es dauerte fast zwei Jahrzehnte, bis sich auch in der breiteren Öffentlichkeit ein anderes, kritisches Bild vom Nationalsozialismus und seiner Verwurzelung in der deutschen Gesellschaft durchzusetzen begann. Noch 1955 hielten in einer Allensbach Umfrage 48 Prozent der Befragten Hitler für einen der größten deutschen Staatsmänner. [...]
Schaut man auf die verspätet begonnene, aber intensive Erforschung der NS-Vergangenheit in der alten Bundesrepublik, so lassen sich einige inhaltliche Schwerpunkte erkennen. Zunächst gab es eine starke Konzentration auf die politische Geschichte, auf Hitler und die Außenpolitik, aber auch auf den vorwiegend von Militärs und konservativen Kräften getragenen Widerstand vom 20. Juli 1944. [...]
In vielen Feldern konnten sich die Nationalsozialisten jedoch auf Traditionen und Zustimmung stützen und diese nun mit einer rassistischen Ideologie aufladen. Andererseits gab es in der Gesellschaft und im kulturellen Leben auch Nischen und Rückzugsmöglichkeiten, um sich den Zumutungen des Regimes zu entziehen. Diese Aspekte eines breiten Konsenses der Bevölkerung mit dem Naziregime in Politik und Alltag, aber auch der begrenzten Möglichkeiten zu Verweigerung und Resistenz haben erst seit den 1970er Jahren intensiv Eingang in die Forschung und öffentliche Debatte gefunden. [...]
Ein besonderes Problem der Zeitgeschichte, vor allem für die politische Bildung, sind biografische Erinnerungen. Zeitzeugen, im Fernsehen besonders beliebt, sind ohne Frage eine wichtige Quelle. Aber sie haben zumeist nur einen höchst begrenzten Blick auf einen Teil der Vergangenheit, den sie selber erlebt haben. Sie eröffnen für die Geschichte von Diktaturen einerseits eindrucksvolle Perspektiven auf Unterdrückung und Terror, aber auch auf Möglichkeiten eines „richtigen Lebens im falschen System".
[...] Die „Historisierung" der NS-Zeit hat erst in den siebziger Jahren intensiv begonnen. Sie zielt auf Einordnung der zwölf Jahre des „Dritten Reiches" in die Geschichte des 19. und 20. Jahrhunderts, aber auch auf die schwierige Verbindung von singulären Verbrechen und trivialem Alltag. Ein neuer Akzent der jüngsten Zeit ist die Opferdebatte: die deutsche Bevölkerung als Opfer des totalen Krieges, den Goebbels 1943 ausgerufen hatte, Opfer des Bombenkrieges, vor allem aber Opfer der überstürzten Flucht vor der Roten Armee und der Vertreibung nach Kriegsende.
Diese Opferperspektive war im Bewusstsein der Betroffenen stets präsent, aber erst seit Ende der 1990er Jahre ist sie auch wieder stärker in der Publizistik und Historiographie erörtert worden. Das ist legitim und notwendig, aber an eine wichtige Voraussetzung gebunden: Die Verursacher des Elends müssen zunächst benannt werden. Insofern ist bei der Erörterung der Schrecken des Krieges und des Zusammenbruchs der Verweis auf das Jahr 1933 unerlässlich. [...]
Auf staatlicher Ebene hat es mittlerweile einen gewissen Konsens über den Umgang mit der Vergangenheit gegeben. Er hat seinen Niederschlag im Gedenkstätten-Konzept des Bundes von 2008 gefunden. Einer der Schlüsselsätze darin lautet: „Jede Erinnerung an die Diktaturvergangenheit in Deutschland hat davon auszugehen, dass weder die nationalsozialistischen Verbrechen relativiert werden dürfen noch das von der SED-Diktatur verübte Unrecht bagatellisiert werden darf."

Quelle: Christoph Kleßmann: Die Akten schließen? (22.04.2008) Unter: https://www.bpb.de/geschichte/zeitgeschichte/geschichte-und-erinnerung/39838/die-akten-schliessen (Zugriff 15.03.2021, gek.)

7 Skizzieren Sie die erkenntnisleitenden Interessen der wichtigsten Forschungsabschnitte.

8 Informieren Sie sich über das im Artikel genannte Gedenkstätten-Konzept des Bundes von 2008.

Im Widerstreit der Meinungen

Ansichten über den Autor und sein Werk kennenlernen

Biografie und Bibliographie zu Günter Grass (1927–2015)

1927, 16. Oktober: Günter Grass wird in Danzig als Sohn einer Kaufmanns-Familie geboren. Nach der Volksschule besucht Grass das Conradinum in Danzig.

1944: Einberufung zum Luftwaffenhelfer.

1956/57: Grass beginnt, schriftstellerisch tätig zu werden.

Ab 1959: Der Roman *Die Blechtrommel* (1959, Verfilmung 1979), die Novelle *Katz und Maus* (1961) und der Roman *Hundejahre* (1963) zeichnen sich durch exzessive und provokative Sprache aus. Sie belegen einerseits seine Erzählkunst und begründen andererseits seinen Ruf als politischer Moralist.

Brigitte Dietz (geb. 1953): *Günter Grass* (Mischtechnik, Öl und Acryl 2016)

akg-images (Brigitte Dietz), Berlin

1965, 1969 und 1972: Beteiligung an Wahlkampftourneen für die Sozialdemokratische Partei Deutschlands (SPD), deren Mitglied er von 1982 bis 1993 ist. Daneben äußert Grass sich immer wieder in offenen Briefen oder Reden zu politischen Themen, und verschafft sich so über seine schriftstellerische Tätigkeit hinaus Gehör in der Öffentlichkeit.

Ab 1966: Grass' Werke *Die Plebejer proben den Aufstand* (1966), *Davor* (1969) und *örtlich betäubt* (1969) sind von seinem politischen Engagement geprägt. Weiter beteiligt sich Grass an öffentlichen Protestaktionen in Ost und West gegen die Notstandsgesetze, den „autoritären Klerikalismus", die „reaktionäre Bundespolitik" und die „Unterdrückung der Freiheit in der DDR".

1977: Veröffentlichung des Romans *Der Butt*, der seinen internationalen Ruf als Epiker unterstreicht.

1986: Veröffentlichung des Prosawerkes *Die Rättin* (Verfilmung 1997), das ein „apokalyptisches Feature über den Selbstmord der Menschheit" zeichnet.

1987: Beteiligung an der SPD-Kampagne für die Landtagswahl in Schleswig-Holstein.

1990: Im Zusammenhang mit der deutschen Wiedervereinigung spricht sich Grass gegen eine „Ruck-zuck-Einheit über den bloßen Anschlussartikel 23 des Grundgesetzes" aus und wirbt stattdessen für eine allmählich zusammenwachsende föderalistische deutsche Kulturnation.

1992: Veröffentlichung seiner Erzählung *Unkenrufe*, die sein Bemühen um die Versöhnung der Deutschen mit sich und den östlichen Nachbarn zeigt.

1993: Aus Protest gegen die Asylrechtsänderung tritt Grass aus der SPD aus.

1995: Abschluss des Romans *Ein weites Feld*, der in Berlin zwischen Mauerbau und Wiedervereinigung spielt und ein Panorama deutscher Geschichte von der Revolution 1848 bis zur Gegenwart zeichnet.

1999, 10. Dezember: Günter Grass wird in Stockholm mit dem Literatur-Nobelpreis für sein Lebenswerk ausgezeichnet.

2002: Veröffentlichung der Novelle *Im Krebsgang*. Thema ist der Untergang des mit Flüchtlingen besetzten Schiffes *Wilhelm Gustloff* am Ende des Zweiten Weltkrieges.

2006, August: Kurz vor Erscheinen seiner Autobiografie *Beim Häuten der Zwiebel* erklärt Grass, als 17-Jähriger Mitglied der Waffen-SS gewesen zu sein. Mit seinem Bekenntnis beginnt eine Debatte um Grass' Rolle als moralische Instanz im Nachkriegsdeutschland.

2008: Der autobiografische Roman *Die Box* erscheint.

2012, April: Die *Süddeutsche Zeitung* druckt das Gedicht *Was gesagt werden muss*, in dem Grass die israelische Politik gegenüber Iran kritisiert. Mit seinen Äußerungen löst der Schriftsteller einen Sturm der Kritik aus.

2015 13. April: Günter Grass stirbt im Alter von 87 Jahren in einer Klinik in Lübeck.

Quelle: Günter Grass 1927–2015. Unter: https://www.hdg.de/lemo/biografie/guenter-grass.html (Zugriff 15.03.2021, gek.)

1 Verfassen Sie einen Nachruf auf den Künstler Günter Grass, in dem Sie auch seine politisch-sozialen Aktivitäten würdigen.

2 Soll ein Schriftsteller auch politisch aktiv sein dürfen? Nehmen Sie begründet Stellung.

Günter Grass: Ich erinnere mich ... (2001) *

[...] Erinnerung ist – so verschwommen und lückenhaft sie erscheint – mehr als das auf Genauigkeit zu schulende Gedächtnis. Erinnerung darf schummeln, schönfärben, vortäuschen, das Gedächtnis hingegen tritt gerne als unbestechlicher Buchhalter auf. Doch wissen wir, daß mit dem Alter das Gedächtnis abnimmt, während in der Erinnerung all das, was lange verschüttet war – die Kindheit – nun nahe gerückt erscheint, oft zu Glücksmomenten verdichtet.

[...] Der Schriftsteller erinnert sich professionell. Als Erzähler ist er in dieser Disziplin trainiert. Er weiß, daß die Erinnerung eine oft zitierte Katze ist, die gestreichelt sein will, manchmal sogar gegen den Strich, bis es knistert: dann schnurrt sie. So beutet er seine Erinnerung aus und notfalls die Erinnerung frei erfundener Personen. Erinnerung ist ihm Fundgrube, Müllhalde, Archiv. Er pflegt sie, wie man nachwachsenden Schnittlauch pflegt. Zwar weiß er, daß die Literatur ein Vielfraß ist und sogar Zeitungsnotizen und ähnlich unreife oder roh vom Messer springende Aktualitäten verschlingt, aber wiedergekäute Erinnerungen sind sein Hauptnahrungsmittel; in Dürrezeiten erinnert er sich an bereits abgegraste Erinnerungen. Es mag eine berufliche Deformation sein, die es ihm erlaubt, Schmerzhaftes, Beschämendes, sogar erinnertes Versagen mit Lust zu verwerten.

[...] Soviel in Stichworten zur Manie des Schriftstellers, zum professionellen Erinnern. Doch gibt es – und sei es als Forderung oder Behauptung, aber auch bei rituell abgefeierten Anlässen – ein kollektives Erinnern. In ganz Europa wird es angerufen, bemüht, verweigert. Kriege und Kriegsverbrechen sind ihm zur Last geworden. Ideologische Prägungen haften ihm immer noch an. Besonders bereitet die kollektive Erinnerung der älteren Generation Mühe. Vielleicht ist uns Deutschen deshalb die typische und ein Klischee betonende Wortprägung „Erinnerungsarbeit" eingefallen. Sie wird als Schuldbekenntnis verlangt, als Zumutung versagt und mit Fleiß geleistet, denn seit Jahrzehnten, solange uns die Vergangenheit immer wieder eingeholt hat, wird sie wie eine Pflichtübung absolviert, seit den sechziger Jahren auch von der jeweils jungen, wie man meinen sollte, unbelasteten Generation. Es ist, als wollten sich die Kinder und Enkel stellvertretend für ihre schweigsamen Väter und Großväter erinnern.

Gegenwärtig vergeht keine Woche, in der nicht vor dem Vergessen gewarnt wird. Nachdem wir uns, wie gehofft wurde, ausreichend oft an die verfolgten, emigrierten, ermordeten Juden in unfaßbar großer Zahl erinnert haben, erinnern wir uns spät an die Verschleppung und Ermordung Zehntausender Zigeuner. Für viele zu spät, sind wir gegenwärtig gezwungen, uns an das Schicksal Hunderttausender Zwangsarbeiter zu erinnern, die aus Polen, aus Litauen, der Sowjetunion und vielen anderen Ländern kamen und an die Fließbänder der deutschen Kriegsindustrie gestellt wurden. Es ist, als gewönnen die in nur zwölf Jahren begangenen Verbrechen mehr und mehr an Gewicht, je größer die zeitliche Distanz zu den pauschal als Schande bezeichneten Untaten wächst. Hilflos muten Versuche an, mit Denkmälern der Erinnerung Gestalt zu geben. In Berlin beispielsweise brach Streit aus. Nicht nur ästhetische Fragen drängten sich in den Vordergrund. „Erinnert euch!" riefen die einen, „Jetzt ist es aber genug!" fanden die anderen. Manchmal geschieht es, daß Fremde, die uns zuschauen, den erinnernden Umgang der Deutschen mit ihrer Vergangenheit „selbstquälerisch" nennen, wobei mitgesagt wird, daß unser Erinnern qualvoll ist. Doch dem ist kein Ende abzusehen. Wenn wir Zukunft planen, hat die Vergangenheit im angeblich jungfräulichen Gelände bereits ihre Duftmarken hinterlassen und Wegweiser gepflockt, die in abgelebte Zeiten zurückführen.

Merkwürdig und beunruhigend mutet dabei an, wie spät und immer noch zögerlich an die Leiden erinnert wird, die während des Krieges den Deutschen zugefügt wurden. Die Folgen des bedenkenlos begonnenen und verbrecherisch geführten Krieges, nämlich die Zerstörung deutscher Städte, der Tod Hunderttausender Zivilisten durch Flächenbombardierung und die Vertreibung, das Flüchtlingselend von zwölf Millionen Ostdeutschen, waren nur Thema im Hintergrund. Selbst in der Nachkriegsliteratur fand die Erinnerung an die vielen Toten der Bombennächte und Massenflucht nur wenig Raum. Ein Unrecht verdrängte das andere. Es verbot sich, das eine mit dem anderen zu vergleichen oder gar aufzurechnen. Überdies lehrt die Erfahrung, daß sich die Opfer von Gewalt, gleich, wer sie ausgeübt hat, nicht an erlittene Greuel erinnern wollen; sie haben das Recht, vergessen, ja, verdrängen zu dürfen, auf ihrer Seite.

* Text in alter Rechtschreibung

So wird denn vieles, selbst wenn es als qualvolle Erinnerung wiederholt ins Bewußtsein drängt, ungesagt bleiben. Das Schweigen der Opfer ist dennoch unüberhörbar. Da niemals Frieden war und die Gegenwart auf dem Balkan und im Kaukasus, an vielen Schreckensorten dieser Welt, von Mord, Flucht und Vertreibung bestimmt ist, wird das Erinnern als Nachhall überlebter Leiden nicht aufhören. Kürzlich schrieb der ungarische Schriftsteller György Konrad mit Blick auf die Geschichte Europas: „Erinnern ist menschlich, wir können sagen, das Humane an sich.“ Sein Hinweis, daß die Natur sich der Geschichte gegenüber gleichgültig verhalte, betont die den Menschen isolierende Fähigkeit, sich erinnern zu können, auf zwiespältige Weise, als sei diese Gabe Gnade und Fluch zugleich; Fluch, indem sie nicht von uns abläßt, Gnade, indem sie den Tod aufhebt. So reden wir in der Erinnerung mit Lebenden und Gestorbenen. Indem man sich an uns erinnern wird, werden wir überleben. Das Vergessen jedoch besiegelt den Tod.

Quelle: Günter Grass: Ich erinnere mich … In: Günter Grass, Czeslaw Milosz, Wislawa Szymborska, Tomas Venclova: Die Zukunft der Erinnerung. Hrsg. v. Martin Wälde. Steidl Verlag, Göttingen 2001, S. 27–34

3 Fassen Sie die Rede Günter Grass' kurz mit eigenen Worten zusammen.

4 Erläutern Sie, wie Günter Grass das „kollektive Erinnern“ vom „professionellen Erinnern“ unterscheidet.

5 Günter Grass beendet seine Rede mit dem Satz: „Das Vergessen jedoch besiegelt den Tod.“ Legen Sie dar, was er mit diesem Satz gemeint haben könnte.

6 PLUS Welche Überlegungen könnten Grass veranlasst haben, den Erzähler der Novelle *Katz und Maus* erklären zu lassen, dass er vom Autor gezwungen werde, die Geschichte Mahlkes bis zu seinem Abtauchen und Verschwinden zu erzählen? Erörtern Sie mögliche Gründe für diese Entscheidung.

Mein Wissen sichern und anwenden

Günter Grass: Fortsetzung folgt ... (1999) *

Nur so konnte das Schreiben nach Auschwitz – ob Gedicht oder Prosa – fortgesetzt werden. Nur so, indem sie zum Gedächtnis wurde und die Vergangenheit nicht enden ließ, konnte die deutschsprachige Nachkriegsliteratur die allgemeingültige Schreibregel „Fortsetzung folgt ...“ für sich und gegenüber den Nachgeborenen rechtfertigen. Und nur so gelang es, die Wunde offen zu halten und das gewünschte wie verordnete Vergessen durch ein beharrliches „Es war einmal ...“ aufzuheben.

Wie oft auch aus diesem oder jenem Interesse der Schlußstrich gefordert, die Rückkehr zur Normalität eingeklagt wurde und die schändliche Vergangenheit als Historie abgelegt werden sollte, die Literatur widersetzte sich diesem so verständlichen wie törichten Verlangen. Zu Recht! Denn jedesmal, wenn in Deutschland die Stunde Null verkündigt, das Ende der Nachkriegszeit ausgerufen worden ist – zuletzt vor zehn Jahren, als die Mauer gefallen war und Deutschlands Einheit auf dem Papier stand –, hat uns die Vergangenheit wieder eingeholt.

Zu jener Zeit, im Februar 1990, habe ich in Frankfurt am Main vor Studenten eine Vorlesung unter dem Titel *Schreiben nach Auschwitz* gehalten. Ich zog Bilanz, legte, Buch nach Buch, Rechenschaft ab. [...]. In diesem Buch steht, weil die Definition meines Berufes von meinen Söhnen erfragt wird, die Antwort: „Ein Schriftsteller, Kinder, ist jemand, der gegen die verstreichende Zeit schreibt.“ Ich sagte zu den Studenten: „Eine so akzeptierte Schreibhaltung setzt voraus, daß sich der Autor nicht als abgehoben oder in Zeitlosigkeit verkapselt, sondern als Zeitgenosse sieht, mehr noch, daß er sich den Wechselfällen verstreichender Zeit aussetzt, sich einmischt und Partei ergreift. Die Gefahren solcher Einmischung und Parteinahme sind bekannt: Die dem Schriftsteller gemäße Distanz droht verlorenzugehen; seine Sprache sieht sich versucht, von der Hand in den Mund zu leben; die Enge jeweils gegenwärtiger Verhältnisse kann auch ihn und seine auf Freilauf trainierte Vorstellungskraft einengen, er läuft Gefahr, in Kurzatmigkeit zu geraten.“

Das damals angesprochene Risiko ist mir über die Jahrzehnte hinweg treu geblieben. Doch was wäre der Beruf des Schriftstellers ohne Risiko? Gut, gleich einem Literaturbeamten könnte er sich als gesichert begreifen. Aber der Gegenwart gegenüber wäre er ein Gefangener seiner Berührungsängste. Aus Angst, die Distanz zu verlieren, verliefe er sich im Weitentlegenen, wo nur noch die Mythen wabern und das Erhabene sich selbst feiert. Nein, die ständig Vergangenheit werdende Gegenwart wird ihn einholen und ins Verhör nehmen. Denn jeder Schriftsteller ist in seine Zeit hinein geboren, er mag noch so heftig beteuern, zu früh oder zu spät gekommen zu sein. Nicht er stellt sich selbstherrlich das Thema seiner Wahl, vielmehr ist es ihm vorgegeben. Ich jedenfalls habe nicht frei entscheiden können. [...]

Aus deutscher Geschichtsträchtigkeit geworfen, lagen Trümmer- und Kadaverberge zuhauf. Diese Stoffmasse, die sich, indem ich sie abzutragen begann, vergrößerte, war nicht wegzublinzeln. [...]. Diese Schreibobsession hat mich angestachelt. Ich wollte, nicht frei von Trotz, mir und meinen Lesern ins Bild bringen, daß das Verlorene nicht spurlos im Vergessen versinken muß, vielmehr durch die Kunst der Literatur wieder Gestalt gewinnen kann: in all seiner Größe und jämmerlichen Kleinlichkeit, mit seinen Kirchen und Friedhöfen, den Geräuschen der Schiffswerften und dem Geruch der matt anschlagenden Ostsee, mit einer längst verebbten Sprache, diesem stallwarmen Gemaule, mit Sünden, die zur Beichte taugten, und seinen geduldeten und verschuldeten Verbrechen, denen keine Beichte die erwünschte Absolution erteilen konnte.[...]

Quelle: Günter Grass: Fortsetzung folgt ... Nobelvorlesung (1999)
Unter: https://www.nobelprize.org/prizes/literature/1999/7847-gunter-grass-nobelvorlesung/ (Zugriff 15.03.2021, gek.)

1 Erläutern Sie, wie Günter Grass die Aufgabe eines Schriftstellers definiert.

2 Erklären Sie, wie Grass das Verhältnis des Schriftstellers zu seiner Zeit bestimmt.

* Text in alter Rechtschreibung

Schreibtraining

Erörterung literarischer Texte

Bei diesem Aufgabentyp erhalten Sie einen Sachtext als Textvorlage. Allerdings liefert diese Vorlage (Außentext) immer einen Anlass zu einer kritischen Beschäftigung mit einem strittigen Sachverhalt beziehungsweise mit einer Gesamt- oder Teilinterpretation zu einem literarischen Werk (Primärtext).

1. Schritt

Aufgabenstellung erfassen – erstes Textverständnis festhalten

- Operatoren (z. B. interpretieren, analysieren, vergleichen), ggf. vorgegebene Untersuchungsaspekte notieren
- Gewichtung der Teilaufgaben beachten
- erste Eindrücke zum Text sowie Basisinformationen festhalten
- Autor, Titel, Textsorte, Thema, bibliographische Angaben erfassen und einordnen
- Thema und Inhalt des Textes notieren: Einordnung in den Diskurs
- Deutungshypothese formulieren

2. Schritt

Sachtext aspektorientiert analysieren

- Problemstellung, Themen, Aspekte und Standpunkt des Autors erfassen
- ggf. die historischen Verhältnisse während der Entstehungszeit des Primärtextes berücksichtigen
- Sekundärtext detailliert analysieren
- prüfen, ob die Formulierung von Urteilen vorliegt
- den „roten Faden" in der Argumentationsstruktur aufspüren
- Qualität der Argumente und der Argumentationsstruktur prüfen

3. Schritt

Eine eigene Position und Argumentation mit Bezug zum literarischen Text entwickeln

- literarischen Text (*Katz und Maus*) vorstellen
- Überlegungen zur Stützung der eigenen Position anstellen
- Abwägung einer eigenen zustimmenden, ablehnenden oder vermittelnden Position

4. Schritt

Einen Schreibplan entwickeln

- Einleitungssatz: Textsorte, Titel, Verfasser, Erscheinungsort und -jahr
- Angemessene, aber keine umfassende Analyse des Außentextes
- Erörterung der Aussagen der Textvorlage
- Bezug zum literarischen Text
- Entwicklung einer eigenen Position und Formulierung einer eigenen Stellungnahme
- Schluss: Zusammenfassung der Ergebnisse, Abrundung

5. Schritt

Klausur schreiben

- Analyse- und Interpretationsergebnisse klar und präzise formulieren
- auf den roten Faden achtgeben, auf gedankliche Zusammenhänge und sprachliche Verknüpfungen achten
- Aussagen durch korrekte Zitate stützen
- sachlich-nüchtern schreiben und Fachbegriffe verwenden

6. Schritt

Klausur überarbeiten

- in drei gesonderten Durchgängen prüfen:
  - sprachliche Richtigkeit (Rechtschreibung, Grammatik, Ausdruck) und formale Korrektheit (richtige Zitierweise, Quellenangaben)
  - inhaltliche Stimmigkeit (Einhaltung des „roten Fadens")
  - sprachliche Gestaltung (Wortwahl, variantenreicher Satzbau und Gebrauch von Fachbegriffen)

AUFGABENSTELLUNG

1 Analysieren Sie den vorliegenden Artikel von Michael Braun unter besonderer Berücksichtigung des Aspekts der Erinnerungskultur. Erschließen Sie dabei die Hauptaussagen und die Argumentationsstruktur.

2 Erörtern Sie abwägend, inwieweit Günter Grass' Novelle *Katz und Maus* als literarischer Beitrag verstanden werden kann, der daran erinnert, dass große Teile der Bevölkerung in den dreißiger Jahren des 20. Jahrhunderts die Entwicklung Deutschlands zur Nazi-Diktatur gefördert und damit mit zu verantworten haben. Stellen Sie hierzu das Verhalten vor allem der älteren Generation anhand wichtiger Handlungsstationen im Verlauf der Novelle dar und deuten Sie die Anlage dieser Figuren.

Michael Braun: Erinnerungskultur (o. J.)

Stichpunkte

Prof. Dr. Michael Braun ist Referent für Literatur bei der Konrad-Adenauer-Stiftung.

Der Erinnerungskultur wird in Deutschland eine außerordentliche Bedeutung zugemessen. Nach dem Erleben zweier Weltkriege, zweier Diktaturen und der deutschen Teilung ist dies nicht verwunderlich. Im Ausland mag es gelegentlich als übertrieben wahrgenommen werden, doch Erinnern gehört geradezu zu den „Gründungsmythen“ Nachkriegsdeutschlands.

Erinnerungskultur in Deutschland nach einschneidenden Ereignissen mit gravierenden negativen Folgen von zentraler Bedeutung

In kaum einem anderen europäischen Land hat die Erinnerungskultur so starke interdisziplinäre Synergien[1] und so große Medienwirkungen wie in der Bundesrepublik. Dadurch gewinnt die deutsche Erinnerungskultur in der Kulturwissenschaft und in der Politik Vorbildcharakter für Europa. Eine maßgebliche Rolle spielt der Erinnerungsboom [...], in der deutschsprachigen Literatur (Familien- und Generationenromane, Autobiographien, Dokufiktionen[2]) und im deutschen Film (über das „Dritte Reich“, den NS-Widerstand, die DDR). Dem korrespondiert das große Interesse ausländischer Regisseure (Steven Spielberg) und Schriftsteller (Jonathan Littell) an deutschen Erinnerungsthemen.

Die Erinnerungskultur ist ein kollektiv geteiltes Wissen „über die Vergangenheit, auf das eine Gruppe ihr Bewusstsein von Einheit und Eigenart stützt“; sie liefert den „jeder Gesellschaft und jeder Epoche eigentümlichen Bestand an Wiedergebrauchs-Texten, -Bildern und -Riten, in deren ‚Pflege' sich ihr Selbstbild stabilisiert“ (J. Assmann). Sie ist „Geschichte im Gedächtnis“ der Gegenwart (A. Assmann).

Definition Erinnerungskultur:

Das kollektive Wissensarchiv des 20. Jahrhunderts umfasst die Erinnerung an Weltkrieg und Holocaust, an Flucht und Vertreibung, an die deutschen und europäischen Diktaturen in Europa, [...]
Der einschneidende Wandel des kulturellen Gedächtnisses zeigt sich darin, dass das normative und zensurbestimmte Konzept der „Bewältigung“ und „Aufarbeitung der Vergangenheit“ (Theodor W. Adorno[3]) abgelöst wird von einer kritischen Reflexion und pluralistischen Weitererzählung der deutschen Geschichte, auch mit den Mitteln der Fiktion. Neu justiert werden dabei die Funktion von Täter- und Opfergedächtnis, das Verhältnis von privater und öffentlicher Erinnerung, die Differenz zwischen Erklären und Verstehen, die Relation von Verschweigen und „kumulativer Heroisierung“[4] [...], die Bedeutung von Familien- und Generationsnarrativen[5].

---

1 Synergie, die: Zusammenwirken unterschiedlicher Kräfte oder Disziplinen, um eine gemeinsame Aufgabe zu bewältigen. 2 Dokufiktion, die: Dokumentarfiktion; Film, der sich mit fiktiven Spielszenen auf historische Ereignisse bezieht. 3 Theodor W. Adorno (1903–1969): deutscher Philosoph und Soziologe. 4 kumulative Heroisierung: kumulativ: wachsend, sich steigernd; Heroisierung, die: Heldenverehrung. 5 Narrativ, das: Erzählung, Geschichte.

Zur Dynamisierung der deutschen Erinnerungskultur gehört die Gleichzeitigkeit von primären und sekundären Zeitzeugnissen. Während Zeitzeugen der Kriegsgeneration im Abstand von 50 und mehr Jahren ihre Erinnerungen aufschreiben (Günter Grass, Victor Klemperer, Martin Walser), begeben sich die nach 1940 Geborenen auf die Spurensuche nach eigenen Familiengeschichten (Julia Franck, Christoph Hein, Uwe Timm). Ihnen geht es nicht darum zu verstehen, wie es eigentlich gewesen ist, sondern darum, aus der Erinnerung – der eigenen und der fremden – zu lernen. Die nach 1970 geborenen Autoren und Regisseure gehen relativ frei mit Erinnerungen um, ersetzen fehlende Fakten durch Fiktionen, verschlüsseln historische Figuren und konstruieren dadurch neue Geschichtskontexte. [...]

Der symbolische Wandel der deutschen Erinnerungskultur zeigt sich in der Einstellung der Bevölkerung zu ihrer Geschichte. Einer Forsa[1]-Umfrage zufolge sah noch im Jahr 2007 jeder vierte Deutsche gute Seiten in der NS-Geschichte (1947 war es mehr als jeder zweite). [...]

Weil die Zeitzeugengeneration im 21. Jahrhundert unweigerlich ausstirbt, bedarf die Erinnerungskultur neuer Träger, Formen und Medien. Hier liegt, mit wachsendem zeitlichem Abstand zu dem Erinnerten, die Chance der Imagination[2]. Historische Dokumente, Erzählungen der Eltern oder Großeltern, Wissensvorräte aus der Schule werden in vielen Büchern und Filmen mit Fiktion angereichert. Schüler lernen Geschichte nicht mehr nur aus historischen Zeitdokumenten, vielmehr aus literarischen und filmischen Geschichten. Deshalb haben es sich einige deutsche Institutionen zum Ziel gesetzt, Kompetenzen im Umgang mit den Erinnerungsmedien zu vermitteln, [...].

Gesellschaftliche Identität und europäisches Bewusstsein stiften die Erinnerungen vor allem an Orten, an denen sie lebendig gehalten und immer wieder interpretiert werden. Vor allem in der Hauptstadt Berlin mit ihrer wechselvollen Geschichte zeigt sich, welche Bedeutung die politische Pflege der Erinnerungskultur hat. Holocaust-Denkmal, Jüdisches Museum, die Gedenkstätte Plötzensee, das Museumhaus am Checkpoint Charlie[3] sind häufig besuchte deutsche Gedächtnisorte. Wichtige Jahres- und Gedenktage sind keinesfalls nur institutioneller Rahmen für politische Rituale, sondern Grund für inhaltliche, geschichtspolitische Positionsbestimmungen im nationalen und europäischen Selbstverständnis. [...]

Quelle: Michael Braun: Erinnerungskultur. Unter: https://www.kas.de/de/web/europa/erinnerungskultur (Zugriff 15.03.2021, gek.)

Schritt 1

Aufgabenstellung erfassen – erstes Textverständnis festhalten

a) Halten Sie stichpunktartig fest, welche Handlungsanweisungen Sie in den Operatoren erkennen.

b) Notieren Sie die in der Aufgabenstellung enthaltenen Untersuchungsaspekte.

c) Bestimmen Sie das Thema und die wesentlichen Aspekte des Artikels von Michael Braun.

1 Forsa: Markt- und Meinungsforschungsinstitut. 2 Imagination, die: Vorstellungskraft, Phantasie. 3 *Checkpoint Charlie*: bekannter ehemaliger Grenzübergang und Kontrollposten in der Berliner Mauer von West- nach Ostberlin.

Schritt 2

Sachtext aspektorientiert analysieren

TIPP

Sachtexte analysieren

Für die Analyse von (längeren und komplexeren) Sachtexten bietet sich folgende Vorgehensweise an:
- **Leseerwartung klären**: ausgehend vom Vorwissen und den ersten Text- und Kontextinformationen (Autor, Titel, Veröffentlichungsort, ggf. Abbildungen, Vortexte …) auf mögliche Textinhalte und -intentionen schließen; eigenes Leseinteresse formulieren
- **Leseklippen beseitigen**: Bedeutung unbekannter Wörter und Ausdrücke aus dem Kontext erschließen bzw. nachschlagen; komplexe Satzstrukturen auflösen
- **Text aktiv lesen**: Text mindestens einmal sehr gründlich lesen; Schlüsselbegriffe markieren; Beziehungen zwischen Inhalten ggf. grafisch veranschaulichen
- **Textaussagen sichern**: zentrale Aussagen und Inhalte zusammenfassen

a) Markieren Sie zunächst zentrale Aussagen des Textes von Michael Braun (S 72 f.) und fassen Sie sie in der Randspalte stichpunktartig zusammen.

b) Geben Sie den Inhalt des Textes wieder, indem Sie die den Problemzusammenhang, in dem er steht, benennen und die Kernaussagen mit eigenen Worten zusammenfassen.

c) Skizzieren Sie die Argumentationsstruktur des Artikels.

d) Führen Sie eine (kritische) Sichtung und Bewertung der Position(en) des Autors durch.

e) Beschreiben Sie kurz die sprachlichen Mittel, die der Autor verwendet.

Schritt 3

Eine eigene Position und Argumentation mit Bezug zum literarischen Text entwickeln

a) Halten Sie mit Bezug auf die Aussagen des Sachtextes Ihr Vorwissen zu *Katz und Maus* stichwortartig fest.

b) Ordnen Sie Ihre Überlegungen in den zu erörternden Sachverhalt ein und bestimmen Sie Ihre eigene Position. Wägen Sie ab, ob Sie die Aussagen des Sekundärtextes eher ablehnen oder Ihnen eher zustimmen.

c) Suchen Sie nach Anknüpfungspunkten zwischen dem Sachtext und *Katz und Maus*.

Schritt 4

Einen Schreibplan entwickeln

a) Erstellen Sie einen Schreibplan für Ihre Erörterung. Sie können sich an dem folgenden Tipp orientieren.

TIPP

Einen Schreibplan entwickeln

Ein Schreibplan ist hilfreich, um während der Klausur eine Orientierung über die jeweils nächsten Schritte zu haben. Um Zeit für das Verfassen des Hauptteils und die abschließende Überarbeitung zu gewinnen, sollten Sie die Einleitung und den Schluss lediglich stichwortartig skizzieren. Legen Sie dann die Reihenfolge der Argumente und Beispiele fest. Überlegen Sie, ob Sie Ihre Argumentation mit einer Zusammenfassung, einem Ausblick oder einer Handlungsempfehlung beenden wollen. Achten Sie darauf, dass Ihre Ausarbeitung einen „roten Faden" aufweist.

Einleitung	enthält den **Einleitungssatz** (Textsorte, Autor, Titel, Erscheinungsjahr, Thema) und Überleitungssatz zum Hauptteil
Hauptteil	**Analyse** des Sekundärtextes auf die Aspekte beschränken, die für Erörterung ergiebig sind: • Kernaussagen und Argumentationsstruktur • Beschreibung der Sprache/des Stils des Sekundärtextes **Erörterung** der Interpretationsaussagen der Textvorlage **Zusammenfassung und Bewertung** der Argumentation
Schluss	**Abrundung** der Darstellung (Ausblick, Deutungsvarianten, persönliches Urteil)

Schritt 5

Klausur schreiben

a) Verfassen Sie auf der Grundlage Ihrer Vorüberlegungen und Ihres Schreibplans Ihre Erörterung. Im Sinne der Aufgabenstellung gilt es, in einer angemessenen Sprache inhaltlich überzeugend zu argumentieren. Nutzen Sie auch den Tipp zum richtigen Zitieren.

TIPP

Aus Sachtexten zitieren

Zitate erfüllen mehrere Funktionen: Sie dienen dazu, die Übernahme fremder Gedanken anzuzeigen. Außerdem werden sie zur Absicherung der eigenen Argumentation, als Hinweis auf die Herkunft der vertretenen Argumente und nicht zuletzt zur Veranschaulichung von Aussagen genutzt.
Ein Zitat ist die **wort- und buchstabengetreue Wiedergabe** von schriftlichen oder mündlichen Aussagen und darf nicht aus dem Sinnzusammenhang (Kontext) gerissen werden. Die Herkunft von Zitaten muss mit einem korrekten Hinweis auf die Quelle nachgewiesen werden. Folgende Regeln gilt es deshalb beim **wörtlichen Zitieren** zu beachten:
Wenn Sie eine Äußerung des Autors übernehmen, sollte dies in Anführungszeichen und unter der Angabe der Quelle sowie der entsprechenden Seite und Zeile erfolgen.

„Der Erinnerungskultur wird in Deutschland eine außerordentliche Bedeutung zugemessen" (Braun, S. 72, Z. 1).

Ergänzungen und Umstellungen werden durch eckige Klammern gekennzeichnet, Auslassungen werden durch [...] markiert.

Dadurch gewinnt die deutsche Erinnerungskultur [...] Vorbildcharakter für Europa (Braun, S. 72, Z. 6f.).

Indirektes Zitieren kommt häufiger bei der Wiedergabe literarischer Texte vor. Die Wiedergabe erfolgt durch redeeinleitende Verben, einem sich anschließenden Konjunktionalsatz (eingeleitet mit „dass", „ob" oder Fragepronomen) sowie durch den Gebrauch einer Konjunktivform des Prädikats.

Schritt 6

Klausur überarbeiten

TIPP

Eine Klausur überarbeiten

Sie sollten für Ihre Überarbeitung der Klausur hinreichend Zeit einplanen. Nur kurz vor dem Ende einmal die Ausarbeitung zu „überfliegen“, reicht nicht aus. Unabhängig von der inhaltlichen Qualität der Ausführungen kann es für wiederholte Verstöße gegen die Rechtschreibung und Zeichensetzung sowie Mängel in der sprachlichen Darstellungsleistung zu erheblichen Punktabzügen kommen, die zwangsläufig zu einer Herabsetzung der Gesamtnote führen. Die Überarbeitung sollte also sorgfältig durchgeführt werden.

a) Überarbeiten Sie Ihre Klausur. Sie können die folgende Checkliste nutzen.

CHECKLISTE ✓

Eine Erörterung eines literarischen Textes überarbeiten

☑ **Inhaltliche Ebene überprüfen**
- Die Aufgabenstellung ist verstanden, alle Aufgabenteile sind bearbeitet.
- Die bibliografischen Angaben (Autor, Titel, Textsorte, Erscheinungsjahr, Art der Publikation) sind erfasst und auf die Aufgabenstellung bezogen.
- Die weiterführenden Informationen sind ausgewertet und für die Bewältigung der Aufgaben herangezogen worden.
- Die Einleitung ist vollständig: Textsorte, Autor, Titel, Erscheinungsort und -jahr, zeitlicher Hintergrund, Thema.
- Der Text ist an der gegebenen Aufgabenstellung orientiert.
- Die eigene Position ist klar und gut nachvollziehbar dargestellt und mit treffenden Argumenten abgesichert.

☑ **Sprachliche Richtigkeit und Stil überprüfen**
- Die Wortwahl entspricht den Anforderrungen der Standardsprache.
- Redundanzen (unnötige Wiederholungen desselben Inhalts) werden ebenso vermieden wie Floskeln oder Allgemeinplätze.
- Der Text ist sachlich formuliert und weist keine Stilbrüche auf.
- Die Grammatikregeln werden beachtet: Satzbau und grammatische Bezüge sind korrekt.
- Fachbegriffe werden passend verwendet.
- Die Zitate sind aussagekräftig, vollständig und korrekt.
- Endlossätze und zu verschachtelte Sätze werden vermieden.

☑ **Folgerichtigkeit der Argumentation überprüfen**
- Die Gliederungsschritte sind stimmig.
- Die Nachvollziehbarkeit der Aussagen ist gewährleistet.
- Die Gedanken bzw. Sätze werden z. B. durch Konjunktionen (Bindewörter) sinnvoll miteinander verbunden, sodass sich ein folgerichtiger Text ergibt, dem die Leserinnen und Leser folgen können.
- Der „rote Faden“ ist immer erkennbar.

☑ **Stimmigkeit überprüfen**
- Argumentation und Argumentationsstruktur des Ausgangstextes werden zutreffend erfasst.
- Die Argumentation und die Positionen werden hinreichend deutlich herausgearbeitet und mit eigenen Worten verständlich erläutert.
- Die Erörterung wird eindeutig auf den Ausgangstext bezogen und die eigenen Thesen werden durch eine hinreichende Anzahl von Argumenten, anschaulichen Beispielen und Textauszügen untermauert.

4 Sprache als politisches Instrument

Mein Lernweg

- **A „Von der Volkstümlichkeit zur Demagogie“** Möglichkeiten der Inszenierung von Reden kennen
- **B Bücherverbrennung 1933** Ideologischen Sprachgebrauch reflektieren
- **C Joseph Göbbels' Rede zur Bücherverbrennung** Techniken der nationalsozialistischen Rhetorik untersuchen
- **D „Die Macht der politischen Sprachbilder“** Framing erkennen
- **E Politik als Entertainment** Merkmale politischer Kommunikation beschreiben
- **F „Liebe Bürger*nnen“** Ein Beispiel für Political Correctness kennenlernen

Der Parthenon der Bücher, eine Installation der Künstlerin Marta Minujín (geb. 1941), wurde erstmals 1983 in Buenos Aires aus hunderten von Büchern errichtet, die während der argentinischen Militärdiktatur 1976–1983 verboten waren. Auf der *documenta 14* in Kassel wurde das Kunstwerk 2017 neu realisiert.
© Marta Minujín Archive

Der Parthenon ist der Tempel für die Stadtgöttin Pallas Athena Parthenos und eines der berühmtesten noch existierenden Baudenkmäler des antiken Griechenlands. Der fast 2500 Jahre alte Bau ist einer der Haupttempel auf der Athener Akropolis.
Die argentinische Künstlerin Marta Minujín baute 2017 auf der „documenta 14“ in Kassel den Athener Parthenon in Originalgröße nach. Der Büchertempel wurde mit rund 100 000 verbotenen Schriftstücken aus aller Welt behängt und stand dort, wo die Nationalsozialisten im Mai 1933 Werke von Autorinnen und Autoren im Zuge der sogenannten „Aktion wider den undeutschen Geist“ ins Feuer warfen – mitten auf dem Friedrichsplatz.

1 **Welche Gedanken weckt das Kunstprojekt von Marta Minujín bei Ihnen? Formulieren Sie eine Deutungshypothese zu dem Büchertempel.**

2 **Setzen Sie das Kapitelthema – Sprache als politisches Instrument – in Beziehung zum Kunstprojekt von Marta Minujín. Diskutieren Sie, wie Politik auf Sprache einwirken kann.**

A **„Von der Volkstümlichkeit zur Demagogie"**

Möglichkeiten der Inszenierung von Reden kennen

Joseph Goebbels beim Besuch von Benito Mussolini, Berlin (Maifeld), 28. September 1937

Süddeutsche Zeitung Photo (Scherl), München

Joseph Goebbels spricht im Berliner Lustgarten, 1934

BPK, Berlin

Victor Klemperer: Lingua Tertii Imperii. Notizen eines Philologen (1947)

Victor Klemperer (1881–1960) war ein deutscher Romanist und Politiker jüdischer Herkunft, der den Nationalsozialismus überlebte und in seinen ab 1995 herausgegebenen Tagebüchern wichtige Zeitzeugnisse ablegte. Darüber hinaus befasste er sich in seiner Abhandlung „Lingua Tertii Imperii" mit der „Sprache des dritten Reiches". In dem folgenden Auszug aus dem 8. Kapitel der „LTI" untersucht Klemperer die Vorführung eines italienischen Tonfilms mit Benito Mussolini.

Einladung des italienischen Konsulats in Dresden für Sonntagvormittag, den 23. Oktober 1932, zur Vorführung des Filmes – *film sonoro*[1] ausdrücklich, denn noch gibt es auch den stummen – [...]
Zum ersten Mal höre und sehe ich den Duce[2] reden. Der Film ist eine große Kunstleistung. Mussolini spricht vom Balkon des Schlosses in Neapel herunter auf die Menge ein; Aufnahmen der Masse und Großaufnahmen des Redners, Worte Mussolinis und Antworttöne der Angesprochenen wechseln miteinander. Man sieht, wie sich der Duce zu jedem Satz förmlich aufpumpt, wie er immer wieder, dazwischen absinkend, den Gesichts- und Körpereindruck höchster Energie und Anspannung herstellt, man hört den leidenschaftlich predigenden, ritualen, kirchlichen Tonfall, in dem er immer nur kurze Sätze herausschleudert, wie Bruchstücke einer Liturgie, auf die jeder ohne gedankliche Anstrengung gefühlsmäßig reagiert, auch wenn er nicht, ja gerade wenn er nicht den Sinn versteht. Riesenhaft der Mund. Gelegentlich typisch italienische Fingerbewegungen. Und Geheul aus der Masse, Zwischenrufe der Begeisterung oder, bei der Nennung eines Gegners, gellende Pfiffe. Dazu immer wieder die Haltung des Faschistengrußes, der vorgestreckte Arm.
All das haben wir seitdem so abertausend Mal gesehen und gehört, mit so geringen Variationen nur immer wiederholt, als Aufnahme vom Nürnberger Parteitag oder aus dem Berliner Lustgarten oder vor der Münchener Feldherrenhalle usw. usw., dass uns der Mussolinifilm eine sehr alltägliche und nicht im Geringsten außergewöhnliche Leistung zu sein scheint. Aber so wie der Titel Führer nur eine Verdeutschung von Duce ist und das Braunhemd nur eine Variation des italienischen Schwarzhemds und der Deutsche Gruß nur eine Nachahmung des Faschistengrußes, so ist die gesamte Filmaufnahme solcher Szenen als Propagandamittel, so ist die Szene selber, die Führerrede vor dem versammelten Volk, in Deutschland dem italienischen Vorbild nachgeformt worden. In beiden Fällen handelt es sich darum, den führenden Mann in unmittelbaren Kontakt mit dem Volk selber, dem ganzen Volk und nicht nur seinen Vertretern, zu bringen. [...]

---

1 film sonoro: ital. Tonfilm. 2 Duce: ital. Führer; „Duce del Fascismo" (Führer des Faschismus) galt als Titel des italienischen Diktators Benito Mussolini.

Indem sie [die Rede] sich an alle wandte und nicht mehr an ausgewählte Volkvertreter, musste sie sich auch allen verständlich machen und somit volkstümlicher werden. Volkstümlich ist das Konkrete; je sinnlicher eine Rede ist, je weniger sie sich an den Intellekt wendet, umso volkstümlicher ist sie. Von der Volkstümlichkeit zur Demagogie[1] oder Volksverführung überschreitet sie die Grenze, sobald sie von der Entlastung des Intellekts zu seiner gewollten Ausschaltung und Betäubung übergeht.
In gewissem Sinn kann man den festlich geschmückten Markt oder die mit Bannern und Spruchbändern hergerichtete Halle oder Arena, in der zur Menge gesprochen wird, als einen Bestandteil der Rede selber, als ihren Körper ansehen; die Rede ist in einem solchen Rahmen inkrustiert[2] und inszeniert, sie ist ein Gesamtkunstwerk, das sich gleichzeitig an Ohr und Augen wendet, und doppelt an das Ohr, denn das Brausen der Menge, ihr Applaus, ihr Ablehnen wirkt auf den Einzelhörer gleich stark wie die Rede an sich. Wiederum ist auch die Tonart der Rede selber fraglos beeinflusst, fraglos sinnlicher gefärbt durch solche Inszenierung. Der Tonfilm überträgt das Gesamtkunstwerk in seiner Ganzheit; das Radio ersetzt das dem Auge gebotene Schauspiel durch Ansage, die dem antiken Botenbericht entspricht, gibt aber die aufreizende auditive Doppelwirkung, das spontane Responsorium[3] der Masse, getreu wieder. [...]

Quelle: Victor Klemperer: LTI. Notizbuch eines Philologen. Hrsg. v. Elke Fröhlich. Reclam, Stuttgart 2015, S. 62–67

1 Nennen Sie die Merkmale, die nach Klemperer zur faschistischen Rhetorik gehören.

nichtsprachliche (nonverbale) Mittel	
stimmliche (prosodische) Mittel	
inhaltliche Mittel	
Mittel der Raumgestaltung	

2 Betrachten Sie die Fotos auf Seite 78 genauer. Weisen Sie anhand der Bilder nach, auf welche Weise faschistische Reden inszeniert wurden.
- Gehen Sie dabei auf die Mittel der Raumgestaltung sowie die Erscheinung des Redners ein.
- Beschreiben Sie, welche Funktion die verschiedenen Details haben.

3 Fassen Sie zusammen, welche Funktion laut Klemperer die Medien im Faschismus ausüben.

4 Diskutieren Sie anschließend, ob und wie Reden heute (z. B. in Parlamenten, vor der UNO usw.) medial inszeniert sind.

1 Demagogie, die: Aufwiegelung des Volkes, politische Hetze. 2 inkrustieren: ausschmücken, verzieren. 3 Responsorium, das: Wechselgesang.

B Bücherverbrennung 1933
Ideologischen Sprachgebrauch reflektieren

„Feuersprüche“ bei Bücherverbrennungen

Bücherverbrennung auf dem Opernplatz in Berlin am 10. Mai 1933

Bundesarchiv, Bild 102-14597/Georg Pahl/CC-BY-SA 3.0

Die von den Nationalsozialisten veranlassten Bücherverbrennungen, die am 10. Mai 1933 in Berlin ihren Anfang nahmen, wurden regelrecht zelebriert. Dazu gehörten sogenannte „Feuersprüche“. Zu deren Deklamation wurden die Werke von Philosophen, Wissenschaftlern, Lyrikern, Romanciers und politischen Autoren in die Flammen geworfen. Die „Feuersprüche“ lauteten wie folgt:

1. Rufer: Gegen Klassenkampf und Materialismus, für Volksgemeinschaft und idealistische Lebenshaltung! Ich übergebe der Flamme die Schriften von Marx und Kautsky.
2. Rufer: Gegen Dekadenz und moralischen Verfall! Für Zucht und Sitte in Familie und Staat! Ich übergebe der Flamme die Schriften von Heinrich Mann, Ernst Glaeser und Erich Kästner.
3. Rufer: Gegen Gesinnungslumperei und politischen Verrat, für Hingabe an Volk und Staat! Ich übergebe der Flamme die Schriften von Friedrich Wilhelm Förster.
4. Rufer: Gegen seelenzerfasernde Überschätzung des Trieblebens, für den Adel der menschlichen Seele! Ich übergebe der Flamme die Schriften des Sigmund Freud.
5. Rufer: Gegen Verfälschung unserer Geschichte und Herabwürdigung ihrer großen Gestalten, für Ehrfurcht vor unserer Vergangenheit! Ich übergebe der Flamme die Schriften von Emil Ludwig und Werner Hegemann.
6. Rufer: Gegen volksfremden Journalismus demokratisch-jüdischer Prägung, für verantwortungsbewusste Mitarbeit am Werk des nationalen Aufbaus! Ich übergebe der Flamme die Schriften von Theodor Wolff und Georg Bernhard.
7. Rufer: Gegen literarischen Verrat am Soldaten des Weltkrieges, für Erziehung des Volkes im Geist der Wahrhaftigkeit! Ich übergebe der Flamme die Schriften von Erich Maria Remarque.
8. Rufer: Gegen dünkelhafte Verhunzung der deutschen Sprache, für Pflege des kostbarsten Gutes unseres Volkes! Ich übergebe der Flamme die Schriften von Alfred Kerr.
9. Rufer: Gegen Frechheit und Anmaßung, für Achtung und Ehrfurcht vor dem unsterblichen deutschen Volksgeist! Verschlinge, Flamme, auch die Schriften von Tucholsky und Ossietzky!

Quelle: „Feuersprüche“ bei Bücherverbrennungen. (10.05.2013) Unter: https://www.ndr.de/geschichte/chronologie/Feuerspprueche-bei-Buecherverbrennungen,buecherverbrennung6.html (Zugriff 15.03.2021)

WISSEN

Das Ministerium für Volksaufklärung und Propaganda

Bereits im März 1933, nicht einmal zwei Monate nachdem die Nationalsozialisten in Deutschland zur Macht gelangt waren, wurde das „Reichsministerium für Volksaufklärung und Propaganda“ unter Joseph Goebbels gegründet. Ziel der Behörde war es, die nationalsozialistische Ideologie mit ihrem Rassismus, Antisemitismus und Führerkult fest in der Bevölkerung zu verankern. Dazu unterzog das Ministerium einerseits Presse, Rundfunk und Film massiven Kontrollen. Andererseits wurden zahlreiche Aufmärsche, Fackelzüge und Feste organisiert, die wiederum medial inszeniert wurden. Zu diesen propagandistischen Veranstaltungen gehörten auch die von nationalsozialistischen Studenten geplanten Bücherverbrennungen, die 1933 in verschiedenen Hochschulstädten stattfanden.

1 Ordnen Sie die „Feuersprüche“ der Nationalsozialisten zeitgeschichtlich ein.
- Nennen Sie die Hintergründe der öffentlichen Verbrennung von Büchern im Nationalsozialismus.
- Erläutern Sie die Folgen für die Autorinnen und Autoren verbrannter Bücher.

2 Markieren Sie im Text, was den Schriftstellern jeweils unterstellt wird.

3 Beschreiben Sie die „Feuersprüche" stilistisch. Erläutern Sie anschließend, was die Sprüche über den Charakter der Bücherverbrennung aussagen.

Die „Feuersprüche" sind stets gleich aufgebaut und bestehen

Erich Kästner: Bei Verbrennung meiner Bücher (1946)

Erich Kästner (1899–1974)

Keystone (Hedwig Roslavlev), Hamburg

Im Jahre 1933 wurden meine Bücher in Berlin, auf dem großen Platz neben der Staatsoper, von einem gewissen Herrn Goebbels mit düster-feierlichem Pomp verbrannt. Vierundzwanzig deutsche Schriftsteller, die symbolisch für immer ausgetilgt werden sollten, rief er triumphierend bei Namen. Ich war der einzige der Vierundzwanzig, der persönlich erschienen war, um dieser theatralischen Frechheit beizuwohnen.

Ich stand vor der Universität, eingekeilt zwischen Studenten in SA-Uniform, den Blüten der Nation, sah unsere Bücher in die zuckenden Flammen fliegen und hörte die schmalzigen Tiraden[1] des kleinen abgefeimten[2] Lügners. Begräbniswetter hing über der Stadt. Der Kopf einer zerschlagenen Büste Magnus Hirschfelds[3] stak auf einer langen Stange, die, hoch über der stummen Menschenmenge, hin und her schwankte. Es war widerlich.

Plötzlich rief eine schrille Frauenstimme: „Dort steht ja der Kästner!" Eine junge Kabarettistin, die sich mit einem Kollegen durch die Menge zwängte, hatte mich stehen sehen und ihrer Verblüffung übertrieben laut Ausdruck verliehen. Mir wurde unbehaglich zumute. Doch es geschah nichts. (Obwohl in diesen Tagen gerade sehr viel zu „geschehen" pflegte.) Die Bücher flogen weiter ins Feuer. Die Tiraden des kleinen abgefeimten Lügners ertönten weiterhin. Und die Gesichter der braunen Studentengarde blickten, den Sturmriemen unterm Kinn, unverändert geradeaus, hinüber zu dem Flammenstoß und zu dem psalmodierenden[4], gestikulierenden Teufelchen.

In dem folgenden Jahrdutzend sah ich Bücher von mir nur die wenigen Male, die ich im Ausland war. In Kopenhagen, in Zürich, in London. – Es ist ein merkwürdiges Gefühl, ein verbotener Schriftsteller zu sein und seine Bücher nie mehr in den Regalen und Schaufenstern der Buchläden zu sehen. In keiner Stadt des Vaterlandes.

Es hat zwölf Jahre gedauert, bis das Dritte Reich am Ende war. Zwölf Jahre haben genügt, Deutschland zugrunde zu richten. Und man war kein Prophet, wenn man, in satirischen Strophen, diese und ähnliche Ereignisse voraussagte. Dass keine Irrtümer vorkommen konnten, lag am Gegenstand: am Charakter der Deutschen. Den Gegenstand seiner Kritik muss der Satiriker natürlich kennen. Ich kenne ihn.

Quelle: Erich Kästner: Kästner für Erwachsene. Hrsg. v. Rudolf Walter Leonhardt. Atrium Verlag, Zürich 1966, S. 435

4 Erich Kästner wird Zeuge der Bücherverbrennung in Berlin. Fassen Sie zusammen, wie er die Ereignisse und Akteure charakterisiert und zu welchem Urteil er gelangt.

1 Tirade, die: abwertend für Wortschwall, nichtssagendes Gerede. 2 abgefeimt: verlogen, manipulativ, hinterhältig. 3 Magnus Hirschfeld (1868–1935): deutscher Arzt, Sexualforscher und Mitbegründer der ersten Homosexuellen-Bewegung. 4 psalmodieren: abwertend für monotones, sinnentleertes Gerede.

C Joseph Goebbels' Rede zur Bücherverbrennung

Techniken der nationalsozialistischen Rhetorik untersuchen

Gedenktafel am Mahnmal (1995) von Micha Ullmann (* 1939) zur Erinnerung an die Bücherverbrennung auf dem Opernplatz (heute: Bebelplatz) in Berlin
Alamy stock photo, Abingdon; FC_Italy

1 Lesen Sie Goebbels' Rede und diskutieren Sie ihre Wirkung.
- Markieren Sie Textstellen, in denen die nationalsozialistische Ideologie besonders explizit zum Ausdruck kommt.
- Benennen Sie die Funktion der Rede.

Joseph Goebbels: Rede zur Bücherverbrennung auf dem Opernplatz in Berlin am 10. Mai 1933

Meine Kommilitonen!
Deutsche Männer und Frauen!
Das Zeitalter eines überspitzten jüdischen Intellektualismus ist nun zu Ende, und der Durchbruch der deutschen Revolution hat auch dem deutschen Weg wieder die Gasse freigemacht. Als am 30. Januar dieses Jahres die nationalsozialistische Bewegung die Macht eroberte, da konnten wir noch nicht wissen, dass so schnell und so radikal in Deutschland aufgeräumt werden könnte. Die Revolution, die damals ausbrach, ist von uns – das können wir heute offen gestehen – von langer Hand und planmäßig vorbereitet worden. Und wenn man sich heute darüber wundert, dass wir die Gesetze sozusagen aus dem Ärmel schütteln: Das ist kein Wunder, denn wir brauchen ja nur die Gesetzlichkeit unserer eigenen Bewegung auf den Staat zu übertragen.
Die Revolution kam nicht von oben, sie ist von unten hervorgebrochen. Sie ist nicht diktiert, sondern das Volk selbst hat sie gewollt. Sie ist deshalb im besten Sinne des Wortes der Vollzug des Volkswillens, und die Männer, die diese Revolution organisiert, mobilisiert und durchgeführt haben, stammen aus allen Schichten, Ständen und Berufen des deutschen Volkes. Hier steht der Arbeiter neben dem Bürger, der Student neben dem Soldaten und neben dem Jungarbeiter, hier steht der Intellektuelle neben dem Proletarier: *Ein* ganzes Volk ist aufgestanden!
Das aber unterscheidet diese Revolution von der Revolte im November 1918. Damals brach der Materialismus durch, der Marxismus behauptete das Feld. Die Kräfte des Untermenschentums haben das politische Terrain erobert, und darauf folgten dann in Deutschland vierzehn Jahre unausdenkbarer und unbeschreiblicher materieller und geistiger Schmach. Diese Schmach haben wir alle am eigenen Leibe zu verspüren bekommen. Sie verspürte jeder Arbeiter, der seinen Platz an der Maschine verlor. Sie verspürte jeder Jungarbeiter, der vom Zugang zur Arbeit ausgeschlossen wurde. Sie verspürte jeder Bürger, dem man den letzten Groschen aus der Tasche nahm. Sie verspürte jeder Soldat, der, knirschend mit den Zähnen, zuschauen musste, wie man die nationale Wehrhaftigkeit und Ehre des deutschen Volkes ungestraft mit Füßen treten durfte.
Sie habt auch Ihr Studenten verspürt, die Ihr als Vortrupp eines wirklich revolutionären deutschen Geistes von den Hochschulen heruntergetrieben wurdet, die man Euch, wenn Ihr das Deutschlandlied anstimmtet oder gegen Versailles protestiertet, mit dem Gummiknüppel traktierte, die Ihr vierzehn Jahre lang in schweigender Schmach die Demütigungen dieser November-Republik über Euch ergehen lassen musstet.
Die Bibliotheken füllten sich an mit dem Unrat und dem Schmutz dieser jüdischen Asphaltliteraten. Anstatt dass in Deutschland eine *deutsche* Erziehung den *deutschen* Menschen erzog und anstatt dass von den Kanzeln der Universitäten wirkliche *Volks*führer dem Geist der Zeit das Wort redeten, verschanzte sich die hohe Wissenschaft hinter den Paragraphen und hinter den Aktenbündeln und hinter den Pandekten[1]. Und während die Wissenschaft vom Leben allmählich sich isolierte und abscheiden ließ, hat das junge Deutschland längst schon wieder einen neuen und fertigen Rechts- und Normalzustand wiederhergestellt.

---

1 Pandekten: Sammlung altrömischer Rechtssprüche.

Dieser Rechts- und Normalzustand, dessen Träger *wir* in der Oppositionsbewegung waren, der ist nun, mit der Übernahme der Macht durch uns, auch der Rechts- und Normalzustand unseres Staates geworden. Die Bewegung, die damals den Staat berannte, ist jetzt in den Staat hineinmarschiert – ja, mehr noch: Sie ist selbst Staat geworden! Und die Männer, die damals diese Bewegung gegen den Staat führten, die sind jetzt Inhaber der Staatsgewalt. Und damit hat der deutsche Geist eine ganz andere Wirkungsmöglichkeit bekommen. Damit ist das revolutionäre Tempo, der revolutionäre Elan und die revolutionäre Durchschlagskraft, die die deutsche Jugend in den vergangenen vierzehn Jahren beseelte, nun zum Tempo und zum Elan und zur Durchschlagskraft des ganzen Staates geworden.

Man täusche sich nicht: Revolutionen, wenn sie echt sind, machen nirgends halt! Es gibt keine Revolutionen, die nur die Wirtschaft oder nur die Politik oder nur das Kulturleben reformierten oder umstürzten. Revolutionen sind Durchbrüche neuer Weltanschauungen. Und wenn eine Weltanschauung wirklich Anspruch erheben kann auf diesen Titel, dann kann sie sich nicht damit begnügen, *ein* Gebiet des öffentlichen Lebens umstürzend umzuwälzen, sondern dann muss der Durchbruch dieser Weltanschauung das ganze öffentliche Leben erfüllen, es darf davon kein Gebiet unberührt bleiben. So, wie sie die Menschen revolutioniert, so revolutioniert sie die Dinge! Und am Ende wird dann Masse, Volk, Staat und Nation ein- und dasselbe geworden sein.

Darüber aber sind wir geistigen Menschen uns klar: Machtpolitische Revolutionen müssen geistig vorbereitet werden. An ihrem Anfang steht die Idee, und erst wenn die Idee sich mit der Macht vermählt, dann wird daraus das historische Wunder der Umwälzung emporsteigen. Ihr jungen Studenten seid Träger, Vorkämpfer und Verfechter der jungen, revolutionären Idee *dieses* Staates gewesen.[2] Und so, wie Ihr in der Vergangenheit das Recht hattet, den *falschen* Staat, den *Unstaat* zu berennen und niederzuwerfen, so, wie Ihr das Recht hattet, den *falschen* Autoritäten dieses Unstaates Euren Respekt und Eure Achtung zu versagen, – so habt Ihr jetzt die Pflicht, in den Staat hineinzugehen, den Staat zu tragen und den Autoritäten dieses Staates neuen Glanz, neue Würde und neue Geltung zu verleihen. Ein Revolutionär muss *alles* können: Er muss ebenso groß sein im Niederreißen der Unwerte wie im Aufbauen der Werte! Wenn Ihr Studenten Euch das Recht nehmt, den geistigen Unflat in die Flammen hineinzuwerfen, dann müsst Ihr auch die Pflicht auf Euch nehmen, an die Stelle dieses Unrates einem wirklichen deutschen Geist die Gasse freizumachen. Der Geist lernt sich im Leben und in den Hörsälen, und der kommende deutsche Mensch wird nicht nur ein Mensch des Buches, sondern auch ein Mensch des Charakters sein.

Und dazu wollen wir Euch erziehen. Jung schon den Mut zu haben, dem Leben in die erbarmungslosen Augen hineinzuschauen, die Furcht vor dem Tode zu verlernen und vor dem Tode wieder Ehrfurcht zu bekommen, – das ist die Aufgabe dieses jungen Geschlechts. Und deshalb tut Ihr gut daran, um diese mitternächtliche Stunde den Ungeist der Vergangenheit den Flammen anzuvertrauen. Das ist eine starke, große und symbolische Handlung, – eine Handlung, die vor aller Welt dokumentieren soll: Hier sinkt die geistige Grundlage der November-Republik zu Boden, aber aus diesen Trümmern wird sich siegreich erheben der Phönix eines neuen Geistes, – eines Geistes, den *wir* tragen, den *wir* fördern und dem *wir* das entscheidende Gewicht geben und die entscheidenden Züge aufprägen!

So bitte ich Euch denn, meine Kommilitonen, hinter das Reich und hinter seine neuen Autoritäten zu treten; so bitte ich Euch, diese Fahnen der Arbeit und der Pflicht und der Verantwortung zu weihen; so ersuche ich Euch, in diesen Flammen nicht nur das Symbol des *Niedergangs* der *alten* Epoche, sondern auch des *Aufstiegs* der *neuen* Epoche zu erkennen. Ihr habt schon früh dem Leben ins Auge blicken müssen. Und wenige nur von Euch sind von Glücksgütern zu gesegnet, dass sie ungestört und in reinstem Frieden sich dieses Lebens erfreuen könnten. Ihr braucht nicht darüber zu klagen, denn wenn dieses junge Geschlecht auch arm geworden ist an *materiellen* Werten – gewonnen aber hat es an der *Seele*! Und ich glaube: Niemals war eine junge studentische Jugend so berechtigt wie diese, stolz auf das Leben, stolz auf die Aufgabe und stolz auf die Pflicht zu sein. Und niemals hatten junge Männer so wie jetzt das Recht, mit Ulrich von Hutten[3] auszurufen: O Jahrhundert! O Wissenschaften! Es ist eine Lust zu leben!

Vor diesen Aufgaben steht Ihr nun. Ihr habt in den gewaltigen Kundgebungen der vergangenen Wochen und Monate über alle Unterschiede hinweg den Arbeitern, den Kameraden der Hand, in den Fabriken und an den Stempelstellen die Hand gereicht. Die Barrieren, die uns *ehedem* trennten, sind niedergerissen: Volk hat wieder zu Volk gefunden! Und wenn die Alten das nicht verstehen, – *wir Jungen haben es schon durchgeführt*!

---

1 Schon 1929 war es zu Erfolgen des Nationalsozialistischen Deutschen Studentenbundes bei den Asta [Allgemeiner Studierendenausschuss]-Wahlen gekommen; 1932 gab es nur noch ganz wenige Studentenvertretungen, die nicht von einer NS-Mehrheit bestimmt wurden. **2** Ulrich von Hutten (1488–1523): lateinischer Dichter der Renaissance; das Zitat stammt aus einem Brief an Pirckheymer vom 25. Oktober 1518: „O seculum! O literae! Iuvat vivere."

Wenn Ihr mit dem Arbeiter dasselbe braune Ehrenkleid tragt und wenn Ihr, ohne dass man den Unterschied erkennen könnte, im selben Reih' –, in derselben Reihe und im selben Glied marschiert, dann bringt Ihr damit für alle Welt sichtbar zum Ausdruck, dass in Deutschland die Nation sich innerlich und äußerlich wieder geeinigt hat. Das Alte liegt in den Flammen, das Neue wird aus der Flamme unseres eigenen Herzens wieder emporsteigen! *Wo* wir zusammenstehen und *wo* wir zusammengehen, da fühlen wir uns dem Reich und seiner Zukunft verpflichtet.

Und wie so oft in den Zeiten, da wir in der Opposition kämpften, so auch jetzt, da wir die Macht und da wir die Verantwortung in Händen halten, schließen wir uns zusammen in *einem* Gelöbnis, – in *dem* Gelöbnis, das wir aus tiefster Qual früher, als wir um die Macht kämpften, in den abendlichen Himmel hinaufgeschickt haben, – in demselben Gelöbnis, das heute wieder unter diesem Himmel und umleuchtet von dieser Flamme ein Schwur sein soll: Das Reich und die Nation und unserer Führer Adolf Hitler – Heil! [Zuhörer: „Heil!"], Heil! [Zuhörer: „Heil!"], Heil! [Zuhörer: „Heil!"]

Quelle: Goebbels Reden. Band 1: 1932–1939. Herausgegeben von Helmut Heiber. Düsseldorf: Droste Verlag 1971, S. 108–112.

2 Lesen Sie den folgenden Text über die „Techniken der Argumentation".
Arbeiten Sie in Gruppen Goebbels' Rede durch und weisen Sie am Text nach, mit welchen Techniken er versucht, seine Ideologie zu verbreiten.

T. Meyer, C. Schicha, C. Brosda: Argumentationstechniken (2001)

Techniken der Argumentation

Abheben auf Topoi (z. B. Grundgesetz) – Analogisieren – Argumentative Überhöhung zur Mobilisierung – Atmosphäre präsentieren – Auf kausale Faktoren referieren – Auf regelhafte Beziehung referieren – Berufung auf Autoritäten – Beschwichtigen – Deduktion – Differenzieren – Eigenwerbung – Einfühlsamkeit – Evidenz vermitteln – Exemplifizieren – Herausfordern – Hervorheben – Humor/Witz/Satire – Induktion – Interessiertes Fragen – Ironisierung – Kontrastieren (allgemein) – Kontrastieren von Widersprüchen – Legitimieren – Metapherbildung – Mobilisieren durch Pathos – Partnerorientierung – Profilierung – Rechtfertigen – Relationierung – Selbstdarstellung – Simplifizieren – Situieren – Solidarisieren – Sondieren – Spekulieren – Strukturieren – Sympathieträger präsentieren – Vorwegnahme von Protest – Werben

Schein- und Pseudoargumentation

Abschweifungen – Antwortaufschub (z. B. „Zunächst einmal ...") – Ausweichen/Ablenken – Begründungsverweigerung – Benutzung von Euphemismen (z. B. Entsorgungspark) – Berufung auf (unzulässige) Autoritäten – Bluffen – Diskreditieren – Dominanz des Beziehungsaspekts (z. B. persönlicher Angriff) – Ebenen-/Themenwechsel – Eigene Selbstaufwertung – Emotionales Argumentieren – Emotionalisierung – Entstellung von Tatsachen – Erzeugen von Mitleid – Kommentarloser Themenwechsel – Konfliktverwischung – Konsistenzvorspiegelung – Lüge – Metakommunikation (z. B. „Lassen Sie mich ausreden") – Opportunismus – Polarisierung – Profilieren – Provokation – Schmeichelei – Sinnentstellung – Spekulation/Vermutung – Stringenzverletzung – Suggerierung von Konformität – Suggerierung von Zivilcourage – Täuschungsabsicht – Thematische Relevanzverschiebungen – Über-/Untertreibung – Überredung – Unvollständige Argumentation – Unzulässiges Verallgemeinern – Verantwortlichkeitsverschiebung – Verknüpfungsfehler – Verunsicherung – Verwendung von Fremdworten – Wahrheitsvorspiegelung – Zynismus

Abwertung der gegnerischen Position

Deformation gegnerischer Argumente (z. B. Argumente ins Absurde übersteigern) – Diffamierung durch Assoziation – Erfolge dem Gegner absprechen – Fehler des Gegners ins Maßlose vergrößern (z. B. Untergang des Abendlandes droht) – Fehler Dritter dem Gegner zuschieben – Häufung negativer Attribute – Kopplung des Gegners mit negativen Werten (z. B. Unfreiheit, Unrecht, Tyrannei) – Negative Verallgemeinerung mit wenigen Beispielen – Neudefinition gegnerischer Schlagworte – Uneigennützige Ziele des Gegners als eigennützig ausgeben – Ungünstige Seite hervorheben, günstige verschweigen – Verzerrung gegnerischer Zitate, um sie widerlegen zu können – Widersprüche verschweigen

Quelle: Thomas Meyer, Christian Schicha, Carsten Brosda: Diskurs-Inszenierungen. Zur Struktur politischer Vermittlungsprozesse am Beispiel der „Ökologischen Steuerreform". Westdeutscher Verlag, Wiesbaden 2001, S. 293, S. 295

3 Untersuchen Sie die sprachliche Gestaltung der Rede (S. 82 ff.) und zeigen Sie, welche Funktion einzelne Gestaltungsmittel haben. Formulieren Sie Ihre Ergebnisse in einem zusammenhängenden Text aus.

Bundeszentrale für politische Bildung: Was ist Propaganda? (2011)

Nur wer Propaganda als solche erkennt, kann sich dagegen wehren.
Propaganda ist der Versuch der gezielten Beeinflussung des Denkens, Handelns und Fühlens von Menschen. Wer Propaganda betreibt, verfolgt damit immer ein bestimmtes Interesse. In Verbindung mit dem Krieg machen Politiker und Militärs von Propaganda Gebrauch, um zum Beispiel die eigene Bevölkerung von einem Krieg zu überzeugen. Sie betonen die Notwendigkeit des Krieges (vernichtenswerte Feinde, Sicherheit der eigenen Bevölkerung, Absetzung eines brutalen Regimes etc.) und blenden alle anderen Aspekte aus (eigene Macht- und Wirtschaftsinteressen, ausgelöstes Kriegsleid, Kriegsverbrechen der eigenen Soldaten etc.). Propaganda wird aber auch eingesetzt, um Soldaten für den Krieg zu rekrutieren oder die Kampfbereitschaft des Militärs aufrechtzuerhalten. Ein Mittel hierfür ist beispielsweise, die Bedrohlichkeit des Feindes hervorzuheben, um Aggressionen gezielt auf ihn zu lenken. Gegenüber dem Kriegsgegner verfolgt Propaganda vor allem das Ziel, die Kriegsmoral der gegnerischen Bevölkerung und Soldaten zu schwächen oder durch die Verbreitung falscher Informationen den Gegner zu täuschen. Staaten, die Mitglieder militärischer Bündnisse sind, versuchen darüber hinaus häufig, durch Propaganda die Bündnispartner von der Notwendigkeit eines Kriegseinsatzes zu überzeugen und ihre Beteiligung an militärischen Aktionen zu erreichen. [...]
Charakteristisch für Propaganda ist, dass sie die verschiedenen Seiten einer Thematik nicht darlegt und Meinung und Information vermischt. Wer Propaganda betreibt, möchte nicht diskutieren und mit Argumenten überzeugen, sondern mit allen Tricks die Emotionen und das Verhalten der Menschen beeinflussen, beispielsweise indem sie diese ängstigt, wütend macht oder ihnen Verheißungen ausspricht. Propaganda nimmt dem Menschen das Denken ab und gibt ihm stattdessen das Gefühl, mit der übernommenen Meinung richtig zu liegen. Hier zeigt sich der große Unterschied etwa zur journalistischen Information: Journalisten betreiben Aufklärung, indem sie alle verfügbaren Fakten und Hintergründe darlegen und die Menschen selbst entscheiden lassen, was richtig und was falsch ist.
Der Begriff Propaganda wird heute vor allem im Zusammenhang mit Beeinflussungsstrategien in autoritären und totalitären Staaten verwendet. Dort ist Propaganda meist verbunden mit anderen Formen staatlicher Informationskontrolle wie direkter Zensur, Monopolisierung der Medien oder Verfolgung Andersdenkender. [...]

Quelle: Was ist Propaganda? (01.10.2011) Unter: https://www.bpb.de/gesellschaft/medien-und-sport/krieg-in-den-medien/130697/was-ist-propaganda (Zugriff 15.03.2021, gek.).

4 Geben Sie wieder, wie im Text Propaganda und Kriegspropaganda definiert werden.

Propaganda: ______________________________

____

____

____

Kriegspropaganda: ______________________________

____

____

____

5 Goebbels' Propaganda hatte einen wesentlichen Anteil am Erfolg des Nationalsozialismus, war Wegbereiter für den Zweiten Weltkrieg und den Holocaust. Charakterisieren Sie mithilfe der Materialien in diesem Kapitel, wie er dabei vorging.

6 **PLUS** „Nur wer Propaganda als solche erkennt, kann sich dagegen wehren". Setzen Sie sich in einem Referat mit dieser Aussage auseinander. Nehmen Sie dabei Bezug zu historischen und aktuellen (politischen) Reden und erläutern Sie deren (mögliche) Wirkung.

Die Macht der politischen Sprachbilder (2017)

Elisabeth Wehling im Gespräch mit Dieter Kassel

„Die Sprache ist niemals unschuldig", lautet ein viel zitierter Satz des Philosophen Roland Barthes. Auch in der politischen Auseinandersetzung wird Sprache exzessiv genutzt, um die eigenen Überzeugungen durchzusetzen. Expertin dafür ist die Sprach- und Kognitionswissenschaftlerin Elisabeth Wehling, die am *Department of Linguistics* an der *University of California*, Berkeley, lehrt. Mit ihrem Buch *Politisches Framing* hat die Linguistin aufgezeigt, wie Sprache die Politik bestimmt. Das Perfide an der Methode, die einige Politiker laut Wehling gezielt erlernen und einsetzen, andere einfach aus dem Bauch heraus beherrschen, ist, dass dadurch die Wahrheit zur Unwahrheit umgedeutet werden kann – und andersherum. [...]

Dieter Kassel: Kann man eigentlich – und auf diesem Weg können Sie bitte noch mal erklären, was so ein Frame überhaupt ist – kann man eigentlich überhaupt Frame-frei reden heutzutage als Politiker?

Elisabeth Wehling: Das kann man als Politiker nicht, und das kann man schon im Alltag nicht. Ich gebe Ihnen ein ganz konkretes Beispiel: „Das Glas ist halb voll" versus „Das Glas ist halb leer". Die faktische Gegebenheit, dass das Glas bis zur Hälfte gefüllt ist, kann man nur bewertend aus der einen oder eben der anderen Perspektive denken und kommunizieren. Und das, was für die alltägliche Sprache und für das alltägliche Denken gilt, das gilt natürlich auch und sogar insbesondere für die Politik, im ideologischen Streit um die Bewertung vorliegender Fakten kommt Framing immer zum Tragen.

Kassel: Wir machen das natürlich im Alltag meistens unbewusst. Aber unterstellen Sie Politikern, dass die das Framing inzwischen fast grundsätzlich sehr bewusst einsetzen?

Wehling: Da gibt es solche und solche. Es gibt politische Gruppen, die sich seit vielen Jahren, zum Teil seit Jahrzehnten, vor allem auch bei uns in den USA, mit dem Thema politisches Framing beschäftigen und dies auch gezielt in ihren Kampagnen, in ihren Reden, im ganz alltäglichen politischen Miteinander einsetzen. Und dann gibt es andere, die machen es eher aus dem Bauch heraus. Dazu sei auch gesagt, ein erfolgreiches politisches Framing muss immer der eigenen Weltsicht, der eigenen Ideologie sozusagen gerecht werden. Das heißt, jemand, der ganz stark ideologisch bei sich ist und genau weiß, was halte ich für richtig und falsch im Gegensatz zu meinem Gegner, der kann auch ohne allzu viel, ich sage mal, einstudiertes Framing-Wissen schon einiges reißen in so einer Debatte.

Kassel: Aber wie geht man denn damit um, wenn der politische Gegner ein politisches Framing einsetzt, was, sagen wir mal, doch sehr den Tatsachen widerspricht. Nehmen wir mal so ein konkretes Beispiel wie Ihr halb volles oder halb leeres Glas. Wenn ich jetzt zum Beispiel sage, das Glas ist halb leer, und Sie sehen aber, es ist fast völlig voll – was macht man dann? Lässt man sich dann auf diese Tatsachendebatte ein, oder ist das gar nicht sinnvoll?

Wehling: Im Framing ist das so: Wenn ein starker Frame, also ein starker Deutungsrahmen über Sprache gesetzt wird, und wenn das wiederholt geschieht, also wenn man immer und immer wieder die gleiche Sache bedeutet, so sie auch nicht der Wahrheit entspricht, dann setzt im Gehirn ein Learning-Prozess ein, das heißt, synaptische Schaltstellen werden stärker, und etwas, das zunächst einmal Unwahrheit war, kann zunehmend zu einer Wahrheit werden. Und dann kann der Blick für die tatsächlichen Fakten mehr und mehr verloren gehen. Wie geht man dagegen an? Man geht dagegen an, indem man starke eigene Frames kommuniziert, ganz proaktiv, nicht aus der Defensive heraus, nicht die Frames zum Beispiel eines politischen Gegners oder von Falschbehauptungen aufgreift, sondern wirklich die eigene Sicht auf eine bestimmte Lage stark kommuniziert. Ich gebe Ihnen ein kurzes Beispiel, weil es wirklich so wichtig ist. Nehmen Sie das Beispiel Fake News. Fake News ist ein Begriff, den hat Donald Trump erfunden, den hat er wunderbar und extrem erfolgreich in die Debatte einführen können. Und was haben wir gesehen, vor einigen Tagen beim Correspondent's Dinner in Washington, da ging die gesamte Debatte, da ging es in allen Reden um den Umstand: Wir, die Medien, sind nicht die Fake News. Damit spielen die Medien an der Stelle Trump in die Hände, sie greifen seinen Frame auf, propagieren ihn. Und über das Learning stärken sie ihn in den Köpfen der Menschen.

Kassel: Aber das ist ein Beispiel, das ebenso gut wie auch schwierig ist, wenn ich ehrlich sein darf, Frau Wehling. Weil, nehmen wir mal an – und ich verstehe Sie jetzt so, dass es geschickter wäre, wenn die Medien selbst – das geschieht ja auch in Deutschland, diesen Begriff Fake News, alternative Fakten, in Deutschland sehr beliebt die sogenannte „Lügenpresse" – wenn sie all diese Begriffe selbst nicht aufnehmen würden und sich nicht unter Nennung dieser Begriffe verteidigen – aber tun sie es nicht, sagen doch wieder gewisse Kreise, da seht ihr doch, dass die Medien eben doch nicht objektiv berichten. Gewisse Dinge werden einfach weggelassen.

Wehling: Man kann natürlich – also diesem Angriff macht man sich ja immer frei, sage ich mal, wenn man Dinge, also Themen, einfach unter den Tisch fallen lässt. Und das muss aber nicht der Anspruch sein. Man kann in einer solchen Debatte das Thema beibehalten, also die Frage stellen, auch die Fakten rund um diese Frage auf den Tisch legen, ganz klar, aber aus einer eigenen Interpretation dessen heraus, was hier gerade politisch-gesellschaftlich passiert. Zum Beispiel kann man einen Frame aufmachen der Wahrheit, einen Frame, nach dem bestimmte Politiker, bestimmte Kräfte ein Problem mit der Wahrheit haben, weil die Wahrheit als Rückenmark der Demokratie bei bestimmten politischen Anliegen oder Zielen eben im Wege steht und so weiter. Und Sie merken, das ist eine andere Geschichte. Da können dieselben Fakten dann eingebettet werden. Aber sie sind sofort nicht nur in ihrem eigenen Kopf, sondern auch im Kopf Ihres Mitbürgers in einem Frame, der für Sie der richtige Frame für diese Situation ist.

Quelle: Political Framing. Die Macht der politischen Sprachbilder. Elisabeth Wehling im Gespräch mit Dieter Kassel. (08.05.2017) Unter: https://www.deutschlandfunkkultur.de/political-framing-die-macht-der-politischen-sprachbilder.1008.de.html?dram:article_id=385626 (Zugriff 15.03.2021, gek.)

1 Lesen Sie das Interview mit Elisabeth Wehling und erläutern Sie, was man unter Framing versteht. Geben Sie ein Beispiel.

2 Erläutern Sie das Dilemma, in dem Medien sich im Umgang mit politischem Framing befinden. Worin besteht laut Wehling ein möglicher Ausweg?

3 Aktuell wird häufig der Begriff „Narrativ“ verwendet, um eine Geschichte zu beschreiben, mit der politisch Handelnde im Diskurs Einfluss nehmen. Recherchieren Sie ggf. die Bedeutung des Begriffs „Narrativ“ in der Soziologie bzw. den Sozialwissenschaften und erklären Sie die Gemeinsamkeiten und die Unterschiede zum Framing.

4 Sammeln und diskutieren Sie im Unterricht aktuelle politische Framings.

E Politik als Entertainment
Merkmale politischer Kommunikation beschreiben

Angela Merkel und Frank-Walter Steinmeier am 13.09.2009 im TV-Duell vor der Bundestagswahl

Picture-Alliance (dpa), Frankfurt/M.

Claudia Roth wird am 02.09.2012 im „Sommerinterview" von Ulrich Deppendorf und Rainald Becker befragt

Picture-Alliance (Florian Schuh), Frankfurt/M.

Talkshow von Günter Jauch (Mitte) am 06.05.2012, Teilnehmer (v.l.n.r.): Christian Lindner (FDP), Norbert Röttgen (CDU), Johannes Ponader (Piratenpartei); Renate Künast (Bündnis 90/Die Grünen), Klaus Wowereit (SPD), Gregor Gysi (Die Linke)

Picture-Alliance (Karlheinz Schindler/ZB), Frankfurt/M.

Bundeskanzlerin Merkel besucht am 13.08.2013 das *Heinrich Schliemann Gymnasium* in Berlin

Picture-Alliance (dpa/Odd Andersen), Frankfurt/M.

1 Die Fotos zeigen Politikerinnen und Politiker in unterschiedlichen Situationen.
Beschreiben Sie
- die Funktion und Rolle der Politiker
- die jeweiligen Adressaten/das Publikum
- die Rolle der Medien

2 Jedes der oben gezeigten Beispiele verfolgt einen bestimmten kommunikativen Zweck. Benennen Sie den jeweiligen Zweck, indem Sie den einzelnen Situationen geeignete Verben zuordnen, die der jeweiligen Sprechhandlung entsprechen.

*Die Kanzlerkandidatin **Angela Merkel** und der Kanzlerkandidat **Frank-Walter Steinmeier** stellen ihre politischen Ansichten dar; sie appellieren an die Zuschauer, sie zu wählen; sie begründen ihre Pläne für das Land …*

3 Erörtern Sie, mit welchen Einflussfaktoren Akteure und Zuhörer rechnen müssen und vor welchen Schwierigkeiten sie in den dargestellten Situationen stehen könnten. Denken Sie z. B. an den Live-Charakter, die Kompetenz der Redner, die Wirkung der Kamera usw.

E

Heiko Girnth: Sprache und Politik (2010)

[...] Politische Akteure müssen die Öffentlichkeit informieren, politisches Handeln begründen, analysieren, kritisieren und rechtfertigen. Sie bewerten bestimmte Sachverhalte positiv oder negativ, stützen die eigene Position argumentativ, stellen sich glaubwürdig dar, greifen die gegnerische Position argumentativ an und werten den Gegner ab. In den Printmedien, im Fernsehen, im Rundfunk und im Internet wird über das politische Tagesgeschehen informiert, werden politische Sachverhalte kommentiert und interpretiert. Dies alles geschieht mit und durch Sprache. Sprache ist darum nicht nur irgendein Instrument der Politik, sondern überhaupt erst die Bedingung ihrer Möglichkeit.

Beispiele für Sprechhandlungs-Verben

Sprache bedingt Politik

Sprache in der Politik bedeutet vor allem sprachliches Handeln. [...] Unmittelbar einleuchtend ist dies bei einer sprachlichen Handlung wie den RÜCKTRITT ERKLÄREN. Wenn ein Bundespräsident sagt „Ich erkläre hiermit meinen Rücktritt vom Amt des Bundespräsidenten", ist der Rücktritt die Funktion der Äußerung und zugleich ihre unmittelbare Folge. [...]

Definition: Sprechen = Handeln
Beispiel für Sprechen = Handeln

Wenn man Politik als „die Kunst im Medium der Öffentlichkeit Zustimmungsbereitschaft zu erzeugen" definiert, dann wird nur ein – gleichwohl zentraler – Aspekt hervorgehoben, der auch als ‚Darstellungspolitik' bezeichnet wird. Darstellungspolitik ist eine auf die Öffentlichkeit ausgerichtete Politik, die zum größten Teil medienvermittelt ist. Ihr steht die Entscheidungspolitik gegenüber, die in der Regel nichtöffentlich stattfindet und die bestimmte Verfahren wie zum Beispiel das Gesetzgebungsverfahren beinhaltet. Auch in der Entscheidungspolitik spielt Sprache eine wichtige Rolle, da Entscheidungen erst einmal sprachlich vorbereitet und ausgehandelt werden müssen: etwa durch DISKUTIEREN, VERHANDELN oder FRAGEN und ANTWORTEN. [...]

Politisches Handeln über Medien vs. Politisches Handeln in den Entscheidungszentren

Beispiele für sprachliches Handeln in der Entscheidungspolitik

Die massenmediale Ausrichtung politischer Kommunikation bringt zudem spezifische mündliche Interaktionstypen hervor. Der heutige Prototyp eines solchen Interaktionstyps ist die im Fernsehen ausgestrahlte politische Talkshow. [...] Die Ausrichtung auf ein Massenpublikum hat zur Folge, dass politisches Sprachhandeln inszeniert wird. Die Teilnehmer einer politischen Talkshow kommunizieren faktisch mit zwei Personengruppen bzw. Adressaten. Erstens kommunizieren sie direkt mit den anderen Gästen bzw. der Moderatorin oder dem Moderator. Zweitens kommunizieren sie indirekt aber auch mit den Fernsehzuschauern. [...] Der Einfluss der Massenmedien auf politisches Handeln wird oft auch kritisch mit den Stichworten ‚Politainment' oder ‚Mediokratie' umschrieben. Politik als Unterhaltung und die Dominanz der Medien bestimmen die Politikvermittlung und damit die Art und Weise, wie Bürger Politik wahrnehmen.

Die öffentliche Ausrichtung der politischen Kommunikation hat auch zur Folge, dass die sprachlichen Anforderungen an die politischen Akteure steigen. Sobald sie in der Öffentlichkeit auftreten, wird das Gesagte einer ständigen Beobachtung und Kontrolle unterzogen. Sie müssen ihre Botschaften exakt, prägnant und verständlich übermitteln. Oft entsteht daher der Eindruck, dass sie – mediengerecht verpackt – immer die gleichen Phrasen und Worthülsen von sich geben. Mediale Erfahrung und rhetorische Geschultheit gehören somit zu den Kernkompetenzen politischer Akteure. [...]

Die politischen Akteure bedienen sich spezifischer sprachlicher Mittel, um ihre Ziele zu erreichen. Eine besondere Bedeutung im Kommunikationsbereich Politik kommt den Wörtern zu, insbesondere dem so genannten ‚Ideologievokabular'. Darunter versteht man Bezeichnungen für die einer politischen Gruppierung bzw. der Gesellschaft zugrundeliegende Wertvorstellungen und Denkmuster wie z B. Freiheit, Gerechtigkeit oder Frieden. ‚Ideologie' ist dabei durchaus wertneutral zu verstehen und meint nicht etwa in einem alltagsprachlichen Sinne Auffassungen, die im Besitz der Wahrheit zu sein glauben, in Wirklichkeit aber die Wahrheit verzerren oder falsch darstellen.

[...] Die Wörter des Ideologievokabulars bezeichnet man auch als ‚Schlagwörter'. Schlagwörter können sowohl positive Wertung (z. B. Demokratie) als auch negative Wertung haben (z. B. Terrorismus). Ihnen kommt eine dreifache Leistung zu, was am Beispiel von Demokratie verdeutlicht werden kann: Demokratie bezeichnet etwas

(Demokratie ist eine ‚Staatsform'), bewertet etwas (Demokratie ist ein hohes Gut) und fordert zu etwas auf (die Menschen sollen für Demokratie eintreten).

Schlagwörter mit positiver Wertung sind oft Gegenstand so genannter ‚semantischer Kämpfe'. [...] Ein Beispiel hierfür ist das Schlagwort soziale Gerechtigkeit. Parteiübergreifend besitzt dieses Schlagwort eine positive Wertung und jeder will es sich an seine Fahne heften. Was aber genau unter sozialer Gerechtigkeit zu verstehen ist, [...] ist abhängig vom jeweiligen ideologischen Standpunkt. [...] Soziale Gerechtigkeit ist ein Beispiel von ‚Bedeutungskonkurrenz', die typisch für den politischen Wettbewerb ist. [...]

Neben der Bedeutungskonkurrenz spielt auch ‚Bezeichnungskonkurrenz' eine wichtige Rolle. [...] So kann man von genverändertem oder genmanipuliertem Mais sprechen, von Atomkraft oder von Kernenergie, von Freiheitskämpfern oder Terroristen. [...]

Metaphern [...] sind in der politischen Kommunikation unentbehrliche Mittel, um komplexe politische Sachverhalte zu vereinfachen, zu interpretieren und zu bewerten. Als Beispiele seien hier soziales Netz, Aufschwung, Sparpaket, Rettungsschirm, Schuldenbremse oder die in Zusammenhang mit dem Zuwanderungsdiskurs verwendete Überschwemmungs- und Eindämmungsmetaphorik in Form von Ausdrücken wie z. B. Flut, Schwemme, Strom und Damm genannt.

[...]

Eine wichtige, wenn nicht gar die wichtigste komplexe Sprechhandlung im Bereich der öffentlich-politischen Kommunikation ist das ARGUMENTIEREN. [...] Es lassen sich in der politischen Kommunikation typische Argumentationsmuster, auch Argumentationstopoi genannt, beobachten. So werden Handlungen beispielsweise durch den Prinzipientopos gerechtfertigt, bei dem man sich auf leitende Prinzipien, Normen oder Werte wie Freiheit, Gerechtigkeit oder das Volk beruft. [...]

Neue Kommunikationsformen und –plattformen wie beispielsweise Twitter, Weblog oder Podcast eröffnen den politischen Akteuren zahlreiche neue Möglichkeiten sich medial zu inszenieren [...] und ihre Botschaften zu verbreiten. Zudem bietet das Internet ein großes Potenzial für neue Formen der politischen Partizipation, da hier [...] einem großen Nutzerkreis die Mitwirkung an der aktuellen politischen Diskussion ermöglicht wird.

Quelle: Heiko Girnth: Sprache und Politik. (15.07.2010)
Unter: https://www.bpb.de/politik/grundfragen/sprache-und-politik/42678/einstieg (Zugriff 15.03.2021, gek.)

4 Markieren Sie zentrale Definitionen, Begriffe und Beispiele, notieren Sie zentrale Aussagen am Rand und vergleichen Sie Ihre Notizen mit Ihren Arbeitsergebnissen zu Aufgabe 3 (S. 88).

Wir schaffen das!
Das Zitat aus der Bundespressekonferenz vom 31. August 2015 wurde in seiner Kurzform populär und ist heftig diskutiert worden. Wörtlich sagte die Bundeskanzlerin:
Deutschland ist ein starkes Land. Das Motiv, mit dem wir an diese Dinge herangehen, muss sein: Wir haben so vieles geschafft – wir schaffen das!

Quelle: Protokoll der Bundespressekonferenz vom 31. August 2015 https://www.bundesregierung.de/Content/DE/Mitschrift/Pressekonferenzen/2015/08/2015-08-31-pk-merkel.html

nel@nelcartoons.de

5 Analysieren Sie anhand des Zitats von Angela Merkel die Besonderheiten politischer Kommunikation. Beziehen Sie dabei auch die Karikatur mit ein.

F „Liebe Bürger*innen"

Ein Beispiel für Political Correctness kennenlernen

1 Beschreiben Sie die Wortbildungen „BürgerInnen", „Bürger*innen" und „Bürger_innen" und erläutern Sie, was mit ihnen zum Ausdruck gebracht werden soll.

2 Klären Sie, was die Begriffe „Genus", „Sexus" und „Gender" bezeichnen. Erläutern Sie an dem Wort „Fräulein", was damit jeweils gemeint ist.

3 Machen Sie sich mithilfe der folgenden Sätze klar, was eine Personenbezeichnung ist. Diskutieren Sie: Sind die Sätze genderkorrekt?

Sie wurde als Kanzlerkandidatin nominiert.

Diese Stelle macht den Leser fast schon zum Betrachter.

Meine Mutter ist Lehrerin und Mitglied im Philologenverband.

4 Recherchieren Sie zur Person Peter Eisenbergs die wichtigsten Informationen.

Peter Eisenberg: Das missbrauchte Geschlecht (2017)

Wie kann man Frauen in der Sprache sichtbarer machen? Muss man sich dafür zum Herren oder zur Herrin über die Grammatik aufschwingen? Mit dem Gendern gehen sprachpolizeiliche Allüren einher.

Als vor fast vierzig Jahren das Fräulein abgeschafft war und das Gendern begann, wollte man damit zur Sichtbarmachung von Frauen in der Sprache beitragen. Schon damals wurden Denkweisen angelegt, die sich als irreführend herausstellen mussten. Die gängigste Form des Genderns bestand in der Ersetzung von Wörtern wie „Bäcker" durch „Bäckerin" und „Bäcker". Man unterstellte, damit werde Gendergerechtigkeit möglich, „Bäckerin" sollte Frauen und „Bäcker" sollte Männer dieses Berufsstandes bezeichnen. Dem Genus Femininum wurde die Bezeichnung von Frauen, dem Maskulinum die Bezeichnung von Männern zugeschrieben, was prinzipiell unzutreffend ist. Grammatisches und „natürliches" Geschlecht haben, betrachtet man den Wortschatz des Deutschen als Ganzes, wenig miteinander zu tun.
Wortbildungslehren beschreiben das Ergebnis der Ableitung von Substantiven mit dem Suffix „er" aus Verben („Bäcker" aus „backen") als „Person, die die vom Verb bezeichnete Tätigkeit ausübt". Von Männern ist beim Nomen Agentis nicht die Rede. „Bäcker" als Maskulinum bezeichnet ebenso wenig ausschließlich Männer wie „Person" als Femininum ausschließlich Frauen bezeichnet. So ist das im Deutschen. Es gibt hier ein Wort, das ausschließlich Frauen bezeichnet („Bäckerin"), aber keins, das ausschließlich Männer bezeichnet. Frauen sind sprachlich zweimal, Männer einmal sichtbar.
Das Genus in den indoeuropäischen Sprachen ist entstanden durch Zweiteilung in Bezeichnungen für Belebtes (später Maskulinum) und Unbelebtes (später Neutrum). Das Femininum kam als drittes Genus hinzu und spezialisierte sich auf Kollektiva und Abstrakta. Mit dem natürlichen Geschlecht weiblich hatte es nichts zu tun, und dabei ist es bis heute im Wesentlichen geblieben.
Seit den Arbeiten des russisch-amerikanischen Sprachwissenschaftlers Roman Jakobson aus den 1930er-Jahren wissen wir, dass in allen Gruppen von grammatischen Kategorien jeweils eine als die unmarkierte fungiert, das heißt als eine mit allgemeiner, unspezifischer Bedeutung im jeweiligen Bereich. Grammatische Kategorien wie Singular – Plural, Indikativ – Konjunktiv oder Aktiv – Passiv teilen einen Benennungsbereich niemals in gleiche Teile, sondern funktionieren nach dem Prinzip von Hintergrund

(unmarkierte Kategorie) und Bild (markierte Kategorie mit speziellerer Bedeutung und aufwendigerer Form). Bei den meisten Klassen von Abstrakta und Kollektiva des Deutschen (Erregung, Klugheit, Seilschaft) ist, ganz im Einklang mit der Genese des Genus, das Femininum unmarkiert mit der Folge, dass auch bei Artikelwörtern und Pronomina der Plural bis auf den Dativ identisch mit dem Singular des Femininums ist (die, sie, ihre, manche usw.). Etwas anders, aber vergleichbar bei substantivierten Adjektiven und Partizipien (Alte, Vorsitzende). Das Femininum ist hier dominant, bei anderen Personenbezeichnungen ist das Maskulinum unmarkiert.

Jakobsons Markiertheitstheorie gehört zu den fruchtbarsten Ansätzen des 20. Jahrhunderts überhaupt, wo es um ein Verständnis von grammatischen Kategorien geht. Sie sagt unzweideutig, dass es Gendergerechtigkeit nicht geben kann, soweit sie über Manipulationen am Genussystem erreicht werden soll. Vollkommene Symmetrie gibt es im Kategoriengefüge natürlicher Sprachen nicht, sie hätte theoretisch einen ähnlichen Status wie das labile Gleichgewicht in der Physik. Denkbar ist allenfalls eine Markiertheitsumkehrung mit dem Ziel, das Femininum zur unmarkierten Kategorie zu machen.

Der nächste Schritt in Richtung eines konsequenten Genderns bestand in der Propagierung der Schreibweise BäckerInnen, die dann vielfältig ausgebaut wurde, etwa zu Bäckerinnen, Bäcker/innen, Bäcker_innen und Bäcker*innen. Von vornherein blieb unklar, wie all das ausgesprochen werden konnte. Aus dieser großen Not versucht man eine kleine Tugend zu machen mit dem Hinweis, die Fixierung auf das Geschriebene sei umso richtiger, als die Sprecher dadurch ins Grübeln kämen. Man sollte sich wohl an solche Formen gewöhnen, aber dennoch niemals aufhören, jedes Mal wieder überrascht zu sein. Die Formen Bäcker_innen und Bäcker*innen finden ihren Platz in den neueren Thesen über den wahren Charakter des Geschlechts, auch in Gruppen von LGBT (Lesbian, Gay, Bi, Trans), die inzwischen mindestens bei LSBTTIQ[1] angelangt sind.

Der Unterstrich hat nach einer verbreiteten Lesung über sich einen Abgrund von Leere und soll verwendet werden, wenn man gar kein Geschlecht mehr will, der über allem sich erhebende Stern (Asterisk) dagegen soll die ungefähr sechzig Geschlechter überstrahlen, die man heute individuell oder gruppenbasiert in Anspruch nimmt. Die Sprache muss ja mit nur drei Genera auskommen. Alle genannten Formen, das darf man nicht vergessen, gibt es im Deutschen nicht. Sie stellen einen Eingriff in unsere Grammatik dar, in der sie keinen Platz finden. Sie sind, was man Pluralia tantum nennt: substantivische Ausdrücke, die keinen Singular haben. Lässt man wie üblich die Pluralendung weg, ergibt sich die Bäcker*in, vermutlich ein Femininum zur Bezeichnung von Frauen. Und das Maskulinum? Vermutlich der Bäcker*in zur Bezeichnung von Männern. Wollen wir das? Und was wird aus Bäckerhandwerk, Bäckerlehrling usw.? Es ergeben sich Bäcker*innenhandwerk, Bäcker*innenauszubildende*r usw. Wollen wir so etwas wirklich?

Für den Grammatiker ist das nur die Spitze des Eisbergs. So wenig wie in der Gentechnik kann man in einer natürlichen Sprache überblicken, was passiert, wenn man irgendwo ins System hineingreift. Man denke nur an die als korrekt propagierte, um sich greifende Ersetzung von abgeleiteten Substantiven durch zu Substantiven konvertierte Partizipien. Dazu eine kleine, aus Zufallsfunden zusammengestellte Liste: Ankommende, Studierende, Fortgeschrittene Studierende, Lehrende, Lkw-Fahrende, Autobahnbenutzende, Helfende, Mitfeiernde, Nichtglaubende, Wahlhelfende, Anrufende, Forschende, Erziehende, Demonstrierende, Streikende, Asylsuchende, Medienschaffende, Naherholungssuchende, Prüfende, zu Prüfende, Geduldete, Getötete, Betroffene.

Solange Fälle dieser Art nicht andere Wörter ersetzen oder Einzelfälle sind, richten sie keinen Schaden an. Wir haben ja seit langem auch Wörter wie Vorsitzende, Abgeordnete, Angestellte. Aber der Unterschied zwischen einem substantivierten Partizip und einer Suffixbildung ist bedeutend und sollte nicht übergangen werden. Partizipien sind Formen, die produktiv von allen Verben gebildet werden können und der Bedeutung des Verbs nahe bleiben. Auch ihre Konversion[2] zu Substantiven ohne formale Veränderung ändert daran nichts. Suffigierungen wie die mit „er" oder „ling" bringen dagegen über das Suffix ein ganz neues Bedeutungselement ins Substantiv. Jedes von ihnen hat spezifische semantische Funktionen.

Man stelle sich die Abschlussklasse einer Schule vor, deren Schüler eine Lehre antreten wollen. Sie sind dann Auszubildende, aber Lehrlinge sind sie noch nicht. Der Unterschied zwischen beiden Substantiven ist einfach und klar. In einem Blog über das Gendern bringt ein Blogger ein ebenso klares Beispiel zu Studierender vs. Student: Ein sterbender Studierender stirbt beim Studieren, ein sterbender Student kann auch im Schlaf oder beim Wandern sterben.

Dasselbe gilt für durch Konversion des Partizip II gebildete Substantive. Ein Geflüchteter kann einer sein, der sich einem Regenguss oder einer nervigen Seminarveranstaltung entzieht, ein Flüchtling dagegen flieht

---

1 L = Lesbisch, S= Schwul, B = Bisexuell, T = Transsexuell, T = Transgender, I = intersexuell, Q = Queer **2** Konversion, die: Wortartenwechsel ohne Wortbildungselemente vor Krieg, Gewalt oder politischer Verfolgung. Der Bedeutungsunterschied ist in allen besseren Wörterbüchern des Deutschen niedergelegt. Niemand von den elf Millionen Menschen, die am Ende des Zweiten Weltkriegs ihre Heimat verlassen haben, hat sich als Geflüchteter bezeichnet, alle waren Flüchtlinge und sind es geblieben. Es gibt überhaupt keinen Grund, das Wort Flüchtling aus dem Deutschen zu vertreiben, sieht man vom Gendern ab. Flüchtling lässt sich nicht gendern, die Form Flüchtlingin ist aus morphologisch-systematischen Gründen ungrammatisch. Deshalb hätte man gern das partizipiale Substantiv Geflüchteter, das man ohne Aufhebens gendern kann. Allerdings zu dem Preis, dass man sich zum Herren oder zur Herrin der Sprache erhebt, einen wichtigen, tief verwurzelten Wortbildungsprozess untergräbt und ein jahrhundertealtes Wort diffamiert.

Im Augenblick galoppiert das Gendern mit hoher Konsequenz auf einige extreme Ausformungen zu, die ihm durchaus schaden könnten. Im Berliner Koalitionsvertrag ist von Berliner*innen, Bürger*innen, Senator*innen, aber nur von jugendlichen Straftätern und Intensivtätern die Rede. Auch hören wir täglich etwas über Gefährder, nicht aber über Gefährder*innen oder Gefährdende. Aus Sicht des Genderns doch wohl eine haarsträubende Diskriminierung. [...]

Quelle: Peter Eisenberg: Das missbrauchte Geschlecht. (02.03.2017)
Unter: https://www.sueddeutsche.de/kultur/essay-das-missbrauchte-geschlecht-1.3402438 (Zugriff 15.03.2021, gek.)

5 Erläutern Sie am Beispiel des Satzes „Der Habicht ist ein Raubvogel.", was die Markiertheitstheorie von Roman Jakobson aussagt.

6 Eisenberg behauptet, dass unklar geblieben sei, wie die verschiedenen Gender-Schreibungen ausgesprochen würden. Zumindest für das Binnen-I hat sich eine Lösung etabliert. Benennen und erklären Sie diese.

7 Erläutern Sie knapp, welche Einwände Eisenberg gegen die folgenden Varianten erhebt.

Student*innen   Studierende

8 Viele Menschen stören sich beim Gendern und an politisch korrekter Sprache allgemein an dem, was Eisenberg „sprachpolizeiliche Allüren" nennt. Erläutern Sie, worin diese Befindlichkeit besteht. Nennen Sie in diesem Zusammenhang weitere Beispiele für Political Correctness in der Sprache.

9 Einerseits ist die „Sichtbarmachung von Frauen in der Sprache" ein vernünftiges und wünschenswertes Anliegen, andererseits ist Sexusgerechtigkeit wenn nicht unmöglich, so doch sehr anstrengend. Selbst ohne drittes oder offenes Geschlecht sind Sätze der Art „Der Lehrer / die Lehrerin gibt dem Schüler / der Schülerin sein / ihr Heft zurück." problematisch.
Diskutieren Sie, wie man diesem Dilemma entkommen könnte. Wie könnte ein praktikabler Kompromiss aussehen?

Mein Wissen sichern und anwenden

Interview mit Durs Grünbein über die Sprache von Politikern (2017)

SPIEGEL: Herr Grünbein, wir geben Ihnen vier Wörter, die Politiker gern verwenden: Demokratie, alternativlos, Nachhaltigkeit und Volk. Zu welchem würde Ihnen ein Gedicht einfallen?

Grünbein: Alternativlosigkeit und Nachhaltigkeit sind Kunstwörter. Die kämen bei mir nicht vor, außer vielleicht in einer Satire. Die sind genuin unpoetisch. Man könnte es mit Demokratie probieren. Das Wort Volk macht mich nervös. Es hat das Zeug zum Hasswort.

SPIEGEL: Das war Hölderlins Lieblingswort. Sie hassen es?

Grünbein: Hölderlin ist seit anderthalb Jahrhunderten tot. Er träumte ein ideales Volk: Die Deutschen sollten die neuen Griechen sein. Dann aber kam die Nation, und damit bekam das Wort einen stahlharten Klang. Politik kann Wörter für immer vergiften. Kriege werden im Namen der Völker geführt. Völkisch war im nationalsozialistischen Sprachgebrauch eine positive Vokabel, eine rassistische, das Wort Volk trug einen drohenden Unterton. Die Soziologie spricht darum lieber neutral von Bevölkerungen. Darin liegt schon das Vermischte, die Siedlungsbewegung.

SPIEGEL: Die Politik hinterlässt Wortleichen?

Grünbein: Wenn den Wörtern Verbrechen folgen, schon. Jede politische Mordbewegung beginnt damit, dass jemand sie ankündigt. „Lebensraum", „Umsiedlung", „Rassereinheit" sind solche offiziellen Annoncen. Vor Gericht, bei Mordfällen, wird immer nach solchen Anzeichen gesucht: Hat der Angeklagte irgendwann mal gesagt: „Ich bringe dich um!"? Wer heute „Volk" sagt oder „America first", dessen Vorsatz ist klar. Es gibt aber auch drollige Beispiele dafür, wie Politik Wörter umdeutet.

SPIEGEL: Zum Beispiel?

Grünbein: Kitt! Frank-Walter Steinmeiers neues Lieblingswort, seine ganze Rede als neu gewählter Bundespräsident bestand aus Kitt in „stürmischen Zeiten": „Der Kitt, der unsere Gesellschaft zusammenhält ..." Kitt ist ein Handwerkerwort. Gemeint ist eine Masse zum Kleben und Abdichten, die schließlich aushärtet. Ob das eine so glückliche Metapher für demokratische Gesellschaften ist?

SPIEGEL: Ist „Kitt" Poesie?

Grünbein: Poesie kann alles verdauen. Sie würde das Wort bloßstellen oder als Beispiel für Fachsprache ehren. In der politischen Sprache ist es ein Trick, da soll es Effekt machen.

Quelle: Christiane Hoffmann, Britta Stuff: „Schickt alle Politiker in einen Rhetorikkurs". Durs Grünbein über Politsprech (26.08.2017)
Unter: https://www.spiegel.de/spiegel/lyriker-durs-gruenbein-im-interview-ueber-die-sprache-von-politikern-a-1164900.html
(Zugriff 15.03.2021, gek.)

1 Fassen Sie zusammen, was Grünbein am Wort „Volk" stört.

2 Begründen Sie, welche der im Interview thematisierten Wörter einen ideologischen Rahmen besetzen.

3 Diskutieren Sie, ob Grünbein nicht eine Art umgekehrte Ideologisierung betreibt, indem er bestimmte Wortverwendungen („Volk", „America first", „Kitt") kritisiert?

5 Tendenzen der deutschen Gegenwartssprache

Mein Lernweg

A „Geht das nicht auch auf Deutsch?"
Den Einfluss der englischen Sprache bewerten

B Ein Motor des Sprachwandels
Die Wirkung von Migration auf den Sprachgebrauch beschreiben

C Die Digitalisierung unserer Kommunikation
Einflüsse der Medien auf den Sprachgebrauch erklären

eA D Sprachwandel oder Sprachverfall?
Theorien des Sprachwandels untersuchen

Eisenach, 28. Juni 1784 (nach Kochberg)

Ja, liebe Lotte, jetzt wird es mir erst deutlich, wie Du meine eigne Hälfte bist und bleibst ... Ich bin kein einzelnes, kein selbstständiges Wesen. Alle meine Schwächen habe ich an Dich angelehnt, meine weichen Seiten durch Dich beschützt, meine Lücken durch Dich ausgefüllt. Wenn ich nun entfernt von Dir bin, so wird mein Zustand höchst seltsam. Auf einer Seite bin ich gewaffnet und gestählt, auf der andern wie ein rohes Ei, weil ich da versäumt habe, mich zu harnischen, wo Du mir Schild und Schirm bist. Wie freue ich mich, Dir ganz anzugehören. Und dich nächstens wieder zu sehen.
Alles lieb ich an Dir und alles macht mich Dich mehr lieben.

Quelle: Liebesbrief von Johann Wolfgang Goethe an Charlotte von Stein, 1784. Unter: https://blog.klassik-stiftung.de/oeffne-mir-dein-herz/ (Zugriff 15.03.2021, gek.)

1 **Lesen Sie Johann Wolfgang Goethes Brief an Charlotte von Stein und vergleichen Sie Absicht, Inhalt, Form und Sprache mit den Sofortnachrichten.**

2 **Tauschen Sie sich aus: Ist die Sofortnachricht ein Zeugnis für einen Verfall unserer Sprache?**

3 **Diskutieren Sie die Aussagen des ehemaligen Vorsitzenden des deutschen Rechtschreibrats Hans Zehetmair. Halten Sie seine Kritik für berechtigt?**

Eine junge Generation schreibt heute – um eine Liebe zum Ausdruck zu bringen – keine Briefe mehr, sondern ‚HDL' – ‚Hab Dich lieb'. Unsere Zeit ist so schnelllebig geworden. Da müssen Sie sich nur die Twitter-Literatur ansehen, in der es keine ganzen Sätze mehr gibt. Wir sind weltweit in zivilisatorischen Gesellschaften auf dem gefährlichen Weg, dass immer weniger gelesen, immer mehr Fetzenliteratur gepflegt, immer weniger geschrieben wird. Man nimmt sich kaum noch die Zeit, ganze Sätze zu formulieren. Nach Angaben von Linguisten müssten rund 20 Prozent der 15-Jährigen heute als Analphabeten bezeichnet werden.

Quelle: Experte Hans Zehetmair: „Fetzenliteratur" bedroht Sprachkompetenz. (02.01.2012)
Unter: https://www.diepresse.com/720779/experte-fetzenliteratur-bedroht-sprachkompetenz (Zugriff 15.03.2021, gek.)

A „Geht das nicht auch auf Deutsch?“

Den Einfluss der englischen Sprache bewerten

Woessner/toonpool.com

1 Erläutern Sie die Pointe der Karikatur.

2 Übertragen Sie die Äußerungen in eine Sprache, die Sie in derselben Situation benutzen würden. Sie können dazu die Szene kurz nachspielen. Vergleichen Sie Ihre Ergebnisse sprachlich.

3 Handy, surfen, Sinn machen, facility manager. Wie bewerten Sie den Einfluss der englischen Sprache auf das Deutsche?

WISSEN

Anglizismus

Als Anglizismus wird ein Wort oder eine Wendung bezeichnet, die aus der englischen Sprache entlehnt oder mithilfe der englischen Sprache im Deutschen gebildet wurde. Ob sich ein Anglizismus durchsetzt, hängt von der allgemeinen Akzeptanz des Ausdrucks ab. Die Bewertung und der Gebrauch von Anglizismen können sich im Lauf der Zeit verändern.

Annika von Taube: Geht das nicht auch auf Deutsch? (2014)

Anglizismen sind etwas für faule Ignoranten, sie vergewaltigen die deutsche Sprache und treiben sie in den Tod. Unsinn. Im Gegenteil, Anglizismen verdienen einen Preis.

Neulich hatten wir wieder so einen Fall. Da haben wir einen Kommentar *depublisht*. Und unsere Leser aus Transparenzgründen im Kommentarbereich darüber informiert, wir hätten einen Kommentar „unveröffentlicht".

Unveröffentlicht? Was ist das denn bitte für ein Wort, empörten sich Kommentatoren daraufhin. Unveröffentlichen, das meint das Zurückziehen eines bereits veröffentlichten Inhalts (zur Sicherheit sei darauf hingewiesen, dass wir äußerst selten Kommentare unveröffentlichen, nämlich nur dann, wenn es sich um Serien-*Spam* oder bedenkliche Nutzernamen handelt). Im Englischen gibt es ein klar verständliches Wort dafür: *to depublish*.

Das deutsche Wort klingt etwas unbeholfen. Aber würden wir das englische verwenden, wäre die Empörung noch viel größer. Wer auf eine andere Sprache als die eigene zurückgreifen muss, um sich auszudrücken, ist schlampig, faul oder beschränkt. So lautet zumindest die gängige Leserkritik. Es gibt nichts, was sich in der deutschen Sprache nicht ausdrücken ließe, das mag stimmen. Aber englische Begriffe sind oft so schön *catchy*, so *on point*. Und sie werden gerade in digitalen Umfeldern gern genutzt, wie die *User* unserer *Community* natürlich wissen.

Der Begriff *Crowdfunding* zum Beispiel lässt sich auf Deutsch mit „Gruppenfinanzierung" oder „Schwarmfinanzierung" übersetzen. Dass er aber seinen Ursprung nicht nur im englischsprachigen, sondern auch im digitalen Raum hat, geht bei der deutschen Übersetzung verloren: „Gruppenfinanzierung" klingt nach ältlichem Provinzverein, *Crowdfunding* nach energetischem Start-up. *Crowdfunding* wurde 2012 zum „Anglizismus des Jahres" gewählt. [...]

Seit 2010 bemüht sich Anatol Stefanowitsch, Professor für englische Sprachwissenschaft an der Freien Universität Berlin, um die Förderung eines positiven Blicks auf Anglizismen, indem er zur Wahl des „Anglizismus des Jahres" aufruft. Diese Auszeichnung begreift Lehnwörter nicht als sprachliche Mängel, sondern im Gegenteil als Bereicherung unserer Sprache. Gewählt wird jeweils ein Lehnwort, das „im laufenden Jahr ins Bewusstsein und den Sprachgebrauch einer breiten Öffentlichkeit gelangt ist und eine interessante Lücke im deutschen Wortschatz füllt."

Vorschläge einreichen kann jeder, die Auswahl erfolgt durch eine Fachjury von Sprachwissenschaftlern. Über die laufenden Einreichungen [...] informiert ein Blog. Ganz vorn dabei ist momentan das *Selfie*[1], überhaupt sind Begriffe aus der Welt der sozialen Medien überproportional vertreten, ähnlich sieht es im Bereich neuer Technologien aus. Bedeuten also mediale Digitalisierung und technologische Evolution gewissermaßen als Lehnwort-Schleusen eine Bedrohung der deutschen Sprache? Professor Stefanowitsch kann beruhigen: „Lehnwörter finden wir immer dort, wo es Veränderungen gibt – neue Technologien und neue gesellschaftliche Praktiken müssen benannt werden, und wenn eine wichtige Bezugskultur schon Wörter hat, werden die einfach übernommen. Durch Entlehnung sind Sprachen in der Lage, sich aktuellen Entwicklungen anzupassen und für die Sprachgemeinschaft nützlich zu bleiben. Und nur wenn eine Sprache nicht mehr nützlich ist, läuft sie Gefahr, zu verschwinden."

Keine Gefahr also. Und für Gegner der Anglizismenflut in den „neuen" Medien gäbe es folgenden Lösungsvorschlag: Sie müssten nur dafür sorgen, dass Neuentwicklungen statt aus dem englischsprachigen aus dem deutschen Raum kommen.

Quelle: Annika von Taube: Sprachwandel. Geht das nicht auch auf Deutsch? (18.11.2014)
Unter: https://www.zeit.de/community/2014-11/anglizismus-digitalisierung (Zugriff 15.03.2021, gek.)

4 Geben Sie die zentrale Aussage Annika von Taubes in Bezug auf englische Lehnwörter wieder.

___

___

___

___

1 bezogen auf das Jahr 2014

5 Bewerten Sie die Übersetzung „unveröffentlicht" für „depublisht" (S. 97, Z. 3 ff.).

6 PLUS Welches wäre Ihr Favorit für den „Anglizismus des Jahres"? Schlagen Sie Anatol Stefanowitsch ein Wort vor und verfassen Sie eine kurze Begründung zu Ihrem Vorschlag.

„Eine Sprache muss sich ständig ändern" – Interview mit dem Sprachwissenschaftler Harald Haarmann (2011)

[...] **Oliver Gehrs**: Warum ist das Englische so dominant?

Harald Haarmann: Da gibt es die griffige Formel eines anderen Sprachforschers: Wer hat als Erstes ein gut organisiertes Kolonialreich aufgebaut, und zwar global? Das waren Engländer. Von wo aus hat sich die Industrialisierung über die Welt verbreitet? Das waren die USA und England. Und wer hat den Krieg gewonnen und nach 1945 weltweit Einfluss genommen? Wieder die USA. Man kann sagen: Das Englische war immer zur rechten Zeit am rechten Platz.

Gehrs: Heute kommt es einem oft deplatziert vor: Die Menschen sitzen in „Meetings", sie lassen sich „briefen" und „debriefen" oder reden über den „Mainstream". Machen die vielen englischen Wörter das Deutsch kaputt?

Haarmann: Das ist die globale Marketingsprache. Sprachsoziologen sprechen vom *Bloodless English* – vom blutlosen Englisch. Man muss sich immer fragen, in welche gesellschaftlichen Bereiche das hineinragt. Wenn man sich die deutschen Bücher ansieht, dann sieht man da keinen großen Einbruch des Englischen. In technologischen Biotopen wie dem Internet ist das natürlich anders.

Gehrs: Sollten wir nicht eigene Wörter erfinden, wie die Franzosen das machen?

Haarmann: Die Realität ist doch, dass die Menschen dennoch alle Englisch sprechen, auch in Frankreich. Manchmal sind englische Wörter einfach griffiger, dann ist es auch gut, sie zu benutzen. Da war die deutsche Sprache immer offen. Das Problem ist eher, dass unsere Kommunikation sehr atemlos geworden ist und kaum Platz für die Pflege der Sprache lässt.

Gehrs: Weil ständig falsch geschriebene Kurznachrichten durch die Gegend schwirren ...

Haarmann: Man sollte gerade den jungen Leuten die Augen dafür öffnen, dass es sich lohnt, die eigene Sprache zu pflegen.

Gehrs: Wie sieht die Zukunft aus? Wird das Englisch noch gewinnen?

Haarmann: Ich kann mir vorstellen, dass das Chinesische dominanter wird. China ist die zweitgrößte Wirtschaftsmacht, und die dortigen Politiker werden vielleicht irgendwann kein Englisch mehr sprechen wollen. In Afrika, in dessen Wirtschaft China große Summen steckt, werden bereits viele Chinesischkurse angeboten. Da wächst also eine Generation von Afrikanern heran, die als Zweitsprache Chinesisch statt Englisch spricht. [...]

Quelle: „Eine Sprache muss sich ständig ändern". Interview von Oliver Gehrs mit dem Sprachwissenschaftler Harald Haarmann. In: fluter. Magazin der Bundeszentrale für politische Bildung. Krissu geiles Heft für free: Thema Sprache, Heft 39/2011, S. 5ff.

7 Fassen Sie zusammen, wie Haarmann den Einfluss des Englischen bewertet.

B Ein Motor des Sprachwandels

Die Wirkung von Migration auf den Sprachgebrauch beschreiben

Uwe Hinrichs: Hab isch gesehen mein Kumpel – Wie die Migration die deutsche Sprache verändert hat (Textausschnitt 1, 2012)

Uwe Hinrichs, 71, lehrt Südosteuropa-Linguistik am Institut für Slavistik der Universität Leipzig und veröffentlichte 2013 das Buch „Multi Kulti Deutsch. Wie Migration die deutsche Sprache verändert."

Menschen, die ihre Heimat verlassen, sei es aus Not oder aus Neigung, bringen außer ihren Hoffnungen auch ihre Sprache mit. Zu allen Zeiten und überall haben Einwanderer die Sprache ihres jeweiligen Gastlandes verändert. Überall war und ist dies ein kreativer, fruchtbarer Prozess. Die Zonen, in denen solche Kontakte vielfältigen Sprachwandel ausgelöst haben, sind vor allem Afrika, der indische Subkontinent oder die karibische Welt.
Auch in Europa sind viele Sprachen und Sprachzonen erst durch lang andauernde Kontakte von Menschen und Kulturen das geworden, was sie heute sind. Das Englische mit seiner einfachen Grammatik ist das Produkt einer Symbiose mit der Sprache der normannischen Eroberer im Mittelalter; auf dem Balkan haben das Bulgarische, Rumänische und Albanische ihre Strukturen in jahrhundertelangen Kontakten einander weitgehend angeglichen; ja sogar das hochentwickelte Lateinische hat seine komplizierte Grammatik radikal vereinfacht, als daraus schließlich Französisch, Italienisch und Spanisch wurden. [...]

Quelle: Uwe Hinrichs: Hab isch gesehen mein Kumpel – Wie die Migration die deutsche Sprache verändert hat. (13.02.2012)
Unter: https://magazin.spiegel.de/SP/2012/7/83977255/index.html (Zugriff 15.03.2021, gek.)

1 Klären Sie, wie Uwe Hinrichs den Einfluss von Migration auf den Wandel von Sprachen bewertet.

Uwe Hinrichs: Hab isch gesehen mein Kumpel – Wie die Migration die deutsche Sprache verändert hat (Textausschnitt 2, 2012)

[...] Der deutsche Sprachraum ist seit je und von allen Seiten von fremden Sprachen und Kulturen umgeben. Trotzdem haben die Deutschen in der Nachkriegszeit und zur Zeit des Wirtschaftswunders vor allem die weiche Variante des Sprachenkontakts kennengelernt – nämlich gesteuert, kulturell abgefedert und ohne wirkliche soziale Konsequenzen: Man las englische Autoren, lernte in der Schule Französisch und Latein, reiste in den Ferien nach Ibiza und begegnete später allenfalls ein paar Gastarbeitern, die meistens nur gebrochen Deutsch sprachen.
Seit den siebziger Jahren jedoch erleben die Deutschen zum ersten Mal, wie es ist, wenn das Leben im eigenen Land wirklich tiefgreifend von fremden Menschen, Kulturen und Sprachen mitgeprägt und der Alltag auf eine unübersehbare Weise vielsprachig wird. [...]
Aber wie hat der alltägliche Kontakt mit dem Türkischen, Arabischen, Serbischen, Bosnischen, Russischen, Kurdischen, Italienischen oder Englischen das Deutsche verändert? In großen Städten wie Berlin gibt es nicht Dutzende von Nationalitäten, sondern Menschen aus fast 200 Staaten und sicher genauso viele Sprachen und Dialekte. Diese Tatsache soll nichts relativieren, sondern nur darauf verweisen, dass Vielsprachigkeit bereits als solche sprachverändernd wirkt, ganz unabhängig davon, welche Sprachen und Sprachtypen gesprochen werden. Zweitens: Es verändert sich vor allem das gesprochene Deutsch, also die Umgangssprache, weil die alltägliche Mehrsprachigkeit fast ausschließlich mündlich auftritt. Das offiziöse Schriftdeutsch ist träge und spiegelt von den neuesten Veränderungsprozessen nur wenig wider (allenfalls in spontanen Fehlern), und so vergrößert sich die Distanz zwischen geschriebenem und gesprochenem Deutsch rapide. Und drittens: Der ständige Kontakt mit neuen, exotischen Fremdsprachen ist letztlich nur ein Motor des Sprachwandels, wenn auch ein mächtiger. Es gibt noch andere Faktoren, die wir aber hier nur benennen können: den Einfluss des Englischen und die Globalisierung; das Schnelligkeitsgebot im TV- und Radio-Entertainment; neue Kommunikationsarten wie Twitter und Facebook; schließlich die überall anwachsende Mehrsprachigkeit unter dem Dach der EU und ihrer Sprachenpolitik.
[...] Wie also haben die jüngsten Sprachkontakte das Deutsche verändert?
Zunächst ist der Sprachwandel eine natürliche Sache, und es gibt keine Sprache, die sich nicht veränderte. Hier steht auch das Deutsche in einer langen Tradition, die jeder Germanistikstudent durchdeklinieren muss: Althochdeutsch, Mittelhochdeutsch et cetera. Der Punkt ist aber, dass das Deutsche seit einigen Jahrzehnten einen rasant beschleunigten Sprachwandel durchläuft, weil es unter dem Einfluss vieler an-

derer gesprochener Sprachen steht. Die Veränderungen sind kontaktinduziert und gehen deshalb um ein Vielfaches schneller vor sich, als es ohne Fremdspracheneinfluss der Fall wäre.
Das Erste, was eine Sprache verliert, ist das, was sie für einfache Kommunikationszwecke mit fremden Sprechern am allerwenigsten benötigt: Das sind die Fälle, die Endungen und die Regeln ihrer Verknüpfung. Was man nicht braucht, das schleift sich schnell ab. Seit Bastian Sicks Bestsellern weiß man, dass der Genitiv bereits einen aussichtslosen Kampf kämpft („das Haus von meinem Vater"). Aber auch Dativ und Akkusativ müssen Bastionen räumen. Konstruktionen wie „mit diesen Problem", „aus den Lager heraus"; „wer soll den neuen Kabinett angehören"; „wir haben hier ein Rest"; „ich mach dir kein Vorwurf" und so weiter kann man nicht nur überall hören – es wird zum Teil, auch in Examensarbeiten, schon so geschrieben, weil junge Leute oft gar nicht mehr wissen, wie es einmal korrekt lautete: „mit diesem Problem"; „aus dem Lager"; „wer soll dem neuen Kabinett angehören" und so weiter. [...]
Das mehrsprachige Milieu kann auf korrekte Deklination und genaue Endungen durchaus verzichten, weil diese Art Grammatik nur Kodierungsenergie frisst, die woanders viel dringender gebraucht wird, beispielsweise um Defizite im Wortschatz auszugleichen. Außerdem liefert die Situation meist genug Anhaltspunkte für das, was jeweils gemeint ist. Hinter dem, was Puristen als Verfall, ja Verlotterung anprangern, steckt nur die Strategie, die Sprachstrukturen zu vereinfachen, um das Kommunizieren mit Nichtmuttersprachlern zu erleichtern. Deshalb baut das Deutsche zurzeit viel Grammatik ab; und viele Schulkategorien wie Konjunktiv, Plusquamperfekt oder vollendetes Futur werden in naher Zukunft wahrscheinlich kaum noch gebraucht. [...]
Eine zweite Quelle für Sprachveränderungen liegt in den Herkunftssprachen der Migranten. Einwanderer greifen auch auf Sprachstrukturen zurück, die sie aus ihrer Muttersprache mitbringen. Diese werden ins Deutsche kopiert und im zweisprachigen Milieu gefestigt. Im großstädtischen Kiezdeutsch, das die Potsdamer Linguistin Heike Wiese erforscht, gibt es etwa eine Vielzahl von Satzmustern, die aus dem Arabischen oder Türkischen stammen, etwa die Wortfolge („Hab isch gesehen mein Kumpel gestern!") oder das Fehlen der Präposition („Ich geh Schule"). Auch in der Alltags-Umgangssprache kündigen sich bereits deutlich Tendenzen an, die von vielen Migrantensprachen gestützt werden: eine neue Steigerung mit „mehr" („mehr geeignet", „mehr zuständig") oder der Zusammenfall von Ort und Richtung („die Politiker fuhren letzte Woche auf einem Finanzgipfel") sind Beispiele für neue Strukturen, die ihre Vorbilder in vielen Migrantensprachen haben. Auch die zahlreichen neudeutschen Ausdrücke mit „machen" wie „einen Film machen", „ein Tor machen", „einen Kompromiss machen" haben direkte Parallelen im Türkischen.
In der heißen Phase des kontaktinduzierten Wandels der Sprachstrukturen kommt es nun dazu, dass die „Fehler" der Migranten allmählich von den deutschen Muttersprachlern nachgeahmt werden („foreigner talk") und es irgendwann nicht mehr auszumachen ist, wer nun gerade richtig- oder falschliegt; die Grenzen verschwimmen: Sprachkontakt führt immer zu Sprachvermischung und zu neuen Sprachstrukturen. Gleichzeitig lässt die Bereitschaft der Muttersprachler, die Fehler auch als Fehler wahrzunehmen und spontan zu korrigieren, mit der Zeit nach und verschwindet irgendwann ganz. Auf lange Sicht führt dieser Prozess zu einer neuen, stabileren Situation: Das gesprochene Deutsch wird dann geprägt von neuen Sprachstrukturen, die sich durch Sprachkontakt herausgebildet haben. Die Grammatik ist reduziert, der innere Zusammenhalt der Satzteile gelockert, viele Regeln sind vereinfacht oder lösen sich ganz auf, die Sprache wird einfacher (und wird hier vom Englischen unterstützt).
[...] Die Wissenschaften halten sich mit der Erforschung dieser Prozesse jedoch noch weitgehend zurück. Mit wenigen Ausnahmen: Die „Migrationslinguistik" am Mannheimer Institut für Deutsche Sprache untersucht das Deutsch von jungen Türken und Russen. Die Zurückhaltung der Linguistik ist die Folge einer verfehlten Migrationspolitik, schon seit den sechziger Jahren. Denn die Geisteswissenschaften arbeiten immer in einem Klima des öffentlichen Bewusstseins, das von der Politik erzeugt und von den Medien gesteuert wird: Trotz einer langen Integrationsgeschichte haben es die wechselnden Regierungen versäumt, eine Zukunftsvision der Gesellschaft zu entwerfen, die die Deutschen und die Migranten umfasst. Wahrscheinlich fürchten besonders die Linguisten, dass sie, wenn sie den Einfluss der Migrantensprachen auf das Deutsche analysieren, schnell in eine Diskriminierungsfalle geraten könnten. Dies ist schade, denn gerade die Erforschung von Sprachkontakten böte die Gelegenheit, Deutsche und Migranten in Projekten zusammenzubringen und die Vision einer offenen Gesellschaft mit Leben zu füllen.

Quelle: Uwe Hinrichs: Hab isch gesehen mein Kumpel – Wie die Migration die deutsche Sprache verändert hat. (13.02.2012)
Unter: https://magazin.spiegel.de/SP/2012/7/83977255/index.html (Zugriff 15.03.2021, gek.)

2 Lesen Sie den zweiten Teil des Essays und geben Sie kurz wieder, inwiefern der Kontakt mit anderen Sprachen laut Hinrichs ein „Motor des Sprachwandels" (S. 99, Z. 20) ist.

3 Veranschaulichen Sie den von Hinrichs beschriebenen Einfluss der Migration auf den Sprachwandel in einem Schaubild. Nutzen Sie Textbelege.

4 „Was man nicht braucht, das schleift sich schnell ab" (S. 100, Z. 33). Erläutern Sie, welchen sprachlichen Wandlungsprozess Hinrichs hier umschreibt.

5 Ordnen Sie Hinrichs Aussage zur Angst der Sprachwissenschaftler vor einer „Diskriminierungsfalle" (S. 100, Z. 77) ein.

ÜBRIGENS ☆

Auch schulische Bildung beschleunigt Sprachwandel: Bis in die 1960er-Jahre galt das englische „th" als Entlehnungsschranke, da es zu wenige Menschen halbwegs richtig aussprechen konnten. Dank schulischen Englischunterrichts stellt die Aussprache von „Thriller" oder „positive thinking" für viele Sprecherinnen und Sprecher nun kein Problem mehr dar.

C Die Digitalisierung unserer Kommunikation

Einflüsse der Medien auf den Sprachgebrauch erklären

103 →

E-MAIL

ey h[xxx] ich bins ja c[xxx] du weist nicht was gestern passiert ist ich war so mehringdann unten /
bei der u-bahn da war dann so ein alter mann er meinte das er kinogutscheine zuverschenken /
hat ich meinte ok hab die dann genommen ich habs dann im kino reserviert an dem tag /
dann f[xxx] s[xxx] s[xxx] und ich wir gehen ins kino der mann an der kasse sagt das die karten /
gefälscht sind wir so schockkk wallah war blamaje ja hahaha krasss eyy ahla alam ich war /
geschockt irgendwie wallah der spasst wenn ich ihn sehe /
ok h[xxx] schreib mir dann pass auf dich auf yallah bye c[xxx]

Die E-Mail stammt aus einem Textkorpus der Universität Potsdam. Der 17-jährige, türkeistämmige Proband wurde gebeten, über einen fiktiven Vorfall (falsche Kinokarten) in einer E-Mail einem Freund bzw. einer Freundin zu berichten. Die E-Mail wurde nicht versendet.
Quelle: Unter: https://publishup.uni-potsdam.de/opus4-ubp/frontdoor/deliver/index/docId/4712/file/isis14.pdf (letzter Zugriff 4.10.2017)

1 Beschreiben Sie sprachliche Besonderheiten der E-Mail.

2 Die E-Mail wurde schriftlich verfasst, aber wurde sie auch schriftlich konzipiert? Ordnen Sie sie entsprechend in das folgende Schema ein.

Christa Dürscheid: Konzeptionelle und mediale Mündlichkeit und Schriftlichkeit (2016)

	Konzeption ←→	
	konzeptionell mündlich	konzeptionell schriftlich
medial schriftlich	Grußkarte	Gesetzestext
medial mündlich	Gespräch mit Freunden	wissenschaftlicher Vortrag

Quelle: abgeändert nach P. Koch/W. Oesterreicher. In: Christa Dürscheid: Einführung in die Schriftlinguistik. Göttingen: Vandenhoeck & Ruprecht, 2016, S. 46.

3 Entscheiden Sie, wie die folgenden Textsorten jeweils konzipiert sind, und ordnen Sie sie begründet in die Tabelle ein.

Wegauskunft | Abiturrede | privates Telefonat | Chat | Diplomarbeit | Urteilsbegründung (im Saal) | Tweet | Roman

	konzeptionell mündlich	konzeptionell schriftlich
medial schriftlich		
medial mündlich		

Der folgende Chat ist authentisch. „Schlobi22" hatte seinem Chatpartner, einem Studenten aus Wolfsburg mit dem Nickname SRabe12328, zuvor bereits mitgeteilt, dass er Professor in Hannover ist.

Schlobi22: naj, komme selbst aus berlin, da ist h auch ni ht das gelbe vom ei
SRabe12328: Das gibt es nicht . Ich bin in Steglitz geboren .
Schlobi22: irre! habe in tempelhof gewohnt, aber bbin in spandau gross geworden
SRabe12328: Wie groß?
Schlobi22: hast du in B studiert?
Schlobi22: Bis 22 in spandau
SRabe12328: Nee , nie . Es ist das erste Mal für mich .
Schlobi22: war an der fu, ganz schön, aber jetzt ist da tote hose
SRabe12328: Was machst Du denn ? Eher was künstlerisches ?
Schlobi22: bin mit dem 68er nach dahlem gefahren über den kreisel
SRabe12328: Toll !
Schlobi22: nein, sprachwissenschaft, grammatik und so
SRabe12328: Bald fertig ?
Schlobi22: womit fertig?
SRabe12328: Mit der Uni .
Schlobi22: bin doch prof, beamter auf lebenszeit
SRabe12328: Sag doch ma ehrlich . Ich verarsch dich schließlich auch nich .
Schlobi22: stimmtt!!!
Schlobi22: s. homepage
SRabe12328: Und Schweine können fliegen .
Schlobi22: Schlobi steht für Schlobinski
SRabe12328: Und ???
Schlobi22: SCHLOBINSKI, Uni Hannover
SRabe12328: Wenn das nicht stimmt , spreche ich kein Wort mehr mit Dir .
Schlobi22: warum???
Schlobi22: ist es eine schande, prof zu sein?
SRabe12328: Tagebücher ?
Schlobi22: Fachbücher
SRabe12328: Über Sprachen schätze ich
Schlobi22: genau
Schlobi22: Als Berliner: Hol dir das „Berliner wörterbuch"
SRabe12328: Jetzt lasse ich mal meine Freundin Maja an die Tasten .
Schlobi22: hi maja
SRabe12328: hi
Schlobi22: würde ich als studi chatten, dann könnte man sauer sein
SRabe12328: Hey wenn Du Prof bist zitiere mir mal ein satz aus Faust
Schlobi22: ich sitze hier als alter tor und bin so schlau als wie zuvor
SRabe12328: Cool
Schlobi22: megacool *GGG*

Quelle: P. Koch/W. Oesterreicher. Nach: Christa Dürscheid: Einführung in die Schriftlinguistik. Vandenhoeck & Ruprecht, Göttingen 2016, S. 46

4 Prüfen Sie, welche sprachlichen Merkmale digitaler Kommunikation in dem Chat auftauchen.

WISSEN

Sprachliche Merkmale digitaler Kommunikation

- Merkmale mündlicher Konzeption: Wortverkürzungen und -auslassungen, Parataxen, Umgangssprache, dialektale/regionale Färbungen, Ausrufe, sprachspielerische und lautmalerische Elemente
- Einbinden von Emoticons und Emojis als Ersatz für nonverbale Informationen
- Tendenz zu sprachlicher Verknappung: Kurzwörter, kurze Sätze, Halbsätze
- Gebrauch englischer Begriffe und Abkürzungen
- Tipp- und Rechtschreibfehler, Kleinschreibung, Verzicht auf Satzzeichen

5 Den Chat (S. 103) hat der Sprachwissenschaftler Peter Schlobinski in seine Rede zur „Sprache und Kommunikation im digitalen Zeitalter" als Anschauungsbeispiel eingefügt. Lesen Sie den folgenden Auszug aus der Rede und markieren Sie in Ergänzung zu Aufgabe 4 weitere Merkmale digitaler Kommunikation.

Peter Schlobinski: Sprache und Kommunikation im digitalen Zeitalter – Rede anlässlich der Verleihung des Konrad-Duden-Preises der Stadt Mannheim am 14. März 2012

[...] Meine Damen und Herren, in dem bemerkenswerten, ja genialen Aufsatz *Das Kunstwerk im Zeitalter seiner technischen Reproduzierbarkeit*, den der Philosoph Walter Benjamin 1935 im Pariser Exil verfasst hat, heißt es: „*Innerhalb großer geschichtlicher Zeiträume verändert sich mit der gesamten Daseinsweise der menschlichen Kollektiva auch die Art und Weise ihrer Sinneswahrnehmung*. Die Art und Weise, in der die menschliche Sinneswahrnehmung sich organisiert – das Medium, in dem sie erfolgt –, ist nicht nur natürlich, sondern auch geschichtlich bedingt" (Benjamin 1977: 141). Mit der 2. Gutenberg-Revolution befinden wir uns im Anfang eines großen geschichtlichen Zeitraums, einer historischen Zäsur, in dem nicht nur unsere Sinneswahrnehmungen, sondern auch die Produktion und Reproduktion von Kommunikation und somit auch von Sprache sich neu organisieren. Zum gegenwärtigen Zeitpunkt tauchen wir immer tiefer ein ins Zeitalter der digitalisierten Netzwerk-Gesellschaft, die sich in den kommenden Jahren rasant verändern wird, viel stärker und dynamischer noch als seit dem gesellschaftlichen Durchbruch vor 15 Jahren.
[...] Chatkommunikation ist schriftbasierte Echtzeitkommunikation, eine spezifische Kommunikationsform, in der zwei oder mehr über das Internet verbundene Kommunikationspartner nahezu synchron in einem Chatroom oder auf einer Plattform mit Chatfunktion miteinander kommunizieren. Für den Leser erscheinen die Beiträge auf dem Bildschirm nacheinander; wenn viele Chatter miteinander kommunizieren, ist die Zuordnung der schnell aufeinander folgenden Beiträge nicht immer leicht. Alltagschats weisen eine Reihe von Charakteristica auf: 1. In der Regel wird von orthografischen Normen abgewichen. Es wird häufig kleingeschrieben und Großschreibung, sog. ‚Schreien', dient der Hervorhebung. Tippfehler sind nicht selten im Gegensatz zum Gebrauch der Kommata. 2. Auf der lexikalischen Ebene finden sich umgangssprachliche und Dialektwörter. Teilweise wird ganz im Dialekt geschrieben, wie Untersuchungen aus der Schweiz zeigen. 3. Satzstrukturen sind einfach, Ellipsen und Nominalkonstruktionen treten häufig auf. 4. Spezifische Abkürzungen wie *LOL (laughing out loud)* oder *g (grins)* werden gebraucht. 5. Bildzeichen wie der Smiley werden in den Text integriert. 6. Es finden sich Lautwörter, Gesprächspartikeln *(ähm)* und Inflektive *(seufz)*. 7. Es werden häufig Pseudonyme *(Snoopi)* statt der Klarnamen gebraucht.
[...] Was Linguisten unter dem Aspekt von Sprachvariation und -wandel sehen, wird in der Öffentlichkeit nicht selten als etwas sprachlich Defizitäres diskutiert. Sprachliche Abweichungen von welcher Norm auch immer, insbesondere Substandardorthografien, sind bis heute Gegenstand von Klagen für einen Sprachverfall. Anfang des Jahres fand eine heftige, öffentlich geführte Kontroverse um die „Fetzensprache" in Tweets und SMSen statt, ausgelöst durch ein dpa-Interview mit dem Vorsitzenden des deutschen Rechtschreibrates, Hans Zehetmair, demnach die „Fetzenliteratur" auf Twitter oder SMS die Sprachkompetenz ganzer Generationen gefährde. Mit „Fetzenliteratur" ist vermutlich so etwas gemeint wie folgende authentische SMS: „KANN I KURZ B DIR VORBEIKOMMEN? BIN JETZT AM AEGI U STEIG HIER I D NÄCHSTE BAHN" (Schlobinski et al. 2001: 17) oder folgender Tweet: „tazkongress denkt mit: tolle hüpfburg, zuschauen ist bereits anstrengend #tazkongress" (Schlobinski/Siever 2012). Beim Simsen und Twittern handelt es sich um ganz besondere Kommunikationsformen, die durch Kürze – maximal 160 bzw. 140 Zeichen – gekennzeichnet sind. Es sind Kurzmitteilungen, um sich zu verabreden, hallo ›zu sagen‹, etwas prägnant und knapp zu berichten usw. Entsprechend einfach und teilweise reduziert sind die Textbotschaften. Die sprachlichen Formen sind an die zur Verfügung stehende Zeichenzahl angepasst, sprachlich optimiert. Dass User auch ganz anders schreiben, zeigt sich z. B. in Blogs. Dort finden sich Onlinetagebücher, die sprachlich reich und komplex ausgestaltet sind, auf die potenzielle Leserschaft zugeschnitten. Jugendliche treten in die Fußstapfen von Autoren, so in der sog. Fan-Fiction, wenn sie Harry-Potter-Bücher oder Fernsehserien fortschreiben.
Wir finden im digitalen Raum sehr unterschiedliche Kommunikationsformen und Textwelten, und die digitale Welt ist sprachlich ebenso bunt und vielschichtig wie die reale. Es lohnt sich genau hinzuschauen, nicht zuletzt deshalb, um Vorurteilen nicht aufzusitzen und Pauschalurteilen eine differenzierte Meinung entgegensetzen zu können.
Meine Damen und Herren, [...] [l]assen Sie mich zum Abschluss vier Punkte ansprechen, die gegenwärtige Forschungsfragen betreffen und die uns auch in Hannover beschäftigen.

1. Die Produktion und Rezeption von Texten verändert sich durch die neuen Technologien. Allein der Bildschirm als Visualisierungsfläche und die Hypertextstruktur haben den Aufbau klassischer Informationsstrukturen, wie wir sie z. B. vom Buch her kennen, verändert. Damit verbunden ist eine Hinwendung zu bildlichen Zeichensystemen. Mein Kollege aus Hannover, Klaus Bayer, hat dies vor über zehn Jahren so formuliert: „Spätestens die multimedialen Texte der neuen Medien und des Internet werden zu einer Neudefinition der Funktionen von Schrift und Bild führen: Es ist denkbar, dass in der Mehrheit der informierenden Texte die – auch zukünftig keineswegs überflüssige! – Schrift überwiegend der Darstellung von Vorgängen dienen wird, während Objekte und Verhältnisse in der Welt überwiegend durch Grafiken und Bilder dargestellt werden“ (Bayer 2000: 20). Ein schönes Beispiel hierfür findet sich auf der Webseite von „Pinterest“, einer 2011 gegründeten Social-Media-Plattform, die vom TIME-Magazine letztes Jahr zu den „besten 50 Websites“ gewählt wurde. Die Bedeutung von Schrift und Text in Relation zur bildlichen Information wird uns nicht nur in der Forschung nachhaltig beschäftigen.

2. In zunehmenden Maße hält das gesprochene Wort Einzug in die Welt der digitalen Kommunikation. Dies betrifft nicht nur das Telefonieren über das Internet oder das Voice-Blogging, sondern Spracherkennungs- und Sprachsyntheseprogramme spielen eine immer stärkere Rolle, die bezogen auf die Umsetzung in Text zu einer Restandardisierungstendenz in der Schriftsprache führen können.

3. Sprachfähige Dialogsysteme, sog. Chatbots, werden auf Firmenseiten zunehmend als Assistenten bei Anfragen oder als Navigationshilfe eingesetzt. Aber auch als Tutoren beim E-Learning oder als psychologischer Ratgeber sind Chatbots erfolgreich. Die Kommunikationsfähigkeit dieser Programme zu verbessern, aber auch das Userverhalten zu untersuchen, sind Aufgaben an der Schnittstelle von Linguistik und Informatik.

4. Ein weiterer Punkt, der auch mit dem Begriff Web 3.0 verbunden ist, ist die Erweiterung des World Wide Web zum „Semantischen Web“, einem Netz, in dem die Bedeutung von Informationen z. B. für die Informationssuche nutzbar gemacht wird. Welche strukturellen, semantischen und kontextuellen Beziehungen zwischen Informationseinheiten bestehen und wie diese für Metainformationen verwertet werden können, dies ist eine spannende und noch mit vielen Fragezeichen versehene Frage. [...]

Quelle: Peter Schlobinski: Sprache und Kommunikation im digitalen Zeitalter – Rede anlässlich der Verleihung des Konrad-Duden-Preises der Stadt Mannheim am 14. März 2012. Unter: https://www.mediensprache.net/de/essays/6/ (Zugriff 15.03.2021)

6 Klären Sie, welche historische Bedeutung Schlobinski den veränderten Sprachgebrauchsbedingungen durch digitale Medien zuspricht.

7 Peter Schlobinski bezieht in seiner Rede Stellung gegenüber den Kritikern der „Netzsprache“.

a) Fassen Sie zusammen, welche Position Schlobinski in der Diskussion um den Sprachverfall durch digitale Medien einnimmt und wie er diese argumentativ unterstützt.

b) Bewerten Sie ausgehend von Schlobinskis Position den Einfluss digitaler Medien auf die Sprache. Sehen Sie darin einen Verfall oder im Gegenteil eine Erweiterung Ihrer Sprachfähigkeiten?

8 **PLUS** Nehmen Sie eine der vier von Schlobinski aufgezeigten Forschungsfelder zum Anlass für eine eigene Recherche und schriftliche Auseinandersetzung zu dem Einfluss digitaler Kommunikationsmedien auf unsere Sprache.

eA D

Sprachwandel oder Sprachverfall?

Theorien des Sprachwandels untersuchen

Ludwig Reiners: Rettet den Genitiv (1963)

Kein Genitiv mit von! *Als die Herren von dem Hause kamen …* Was heißt das? Heißt das *die Herren des Hauses* oder *die Herren kamen von dem Haus her*? Der Zusammenhang ergibt: es sind *die Herren des Hauses* gemeint; der Verfasser hielt *von dem Haus* offenbar für einen Genitiv (Wesfall).
Aber man darf im Deutschen nie den Genitiv mit von wiedergeben. Im Alltag sagt man manchmal: *das Haus von meinem Vater* (noch schlimmer: meinem Vater sein Haus). Aber das ist ein erbärmlicher Schnitzer. Es muss heißen: *das Haus meines Vaters* oder auch *meines Vaters Haus*.
Bilden Sie nie den Genitiv mit von!

Quelle: Ludwig Reiners: Stilfibel. Der sichere Weg zum guten Deutsch. dtv, München 1963, S. 35

1 Benennen Sie, welche sprachliche Veränderungstendenz in Reiners' „Stilfibel" von 1963 und auf dem Buchcover von Bastian Sick kritisiert wird. Erläutern Sie, wie die Kritik jeweils erfolgt.

Kiepenheuer & Witsch, Köln

2 Bewerten Sie den Auszug aus der „Stilfibel" (mit der Distanz im Zeitumfang von etwa zwei Generationen Abstand). Was sagt der Auszug
- über Sprachkritik?
- über Sprachwandel?

3 Untersuchen Sie die von Reiners verwendete Sprache und seine Beispiele genauer. Halten Sie fest, ob bzw. inwieweit die Sprache eine Veränderung belegt. Besprechen Sie anschließend in der Gruppe Ihre Einschätzungen.

4 Warum entstehen Trampelpfade und wie? Erklären Sie, ob und ggf. wie die Menschen dabei „zusammenarbeiten".

VISUM Foto GmbH (Jan Dirk van der Burg), München

Rudi Keller: Sprachwandel – Die Theorie der unsichtbaren Hand (2003)

In seinem Buch „Sprachwandel" bestimmt Keller „Phänomene der dritten Art" wie folgt: „Ein Phänomen der dritten Art ist die kausale Konsequenz einer Vielzahl individueller Handlungen, die mindestens partiell ähnlichen Intentionen dienen."

Ein einfaches Beispiel stellt die Theorie der Trampelpfade dar. Über die Rasenflächen unserer Universität zieht sich ein Netz von Trampelpfaden. Dieses Netz von Pfaden ist denkbar klug, ökonomisch und durchdacht „angelegt". Ganz offensichtlich ist seine Struktur sinnreicher als die Struktur der von den Architekten geplanten Pflasterwege. Mehr noch, auf einer Karte, auf der die Gebäude und sonstigen Einrichtungen samt ihren Funktionen eingetragen wären, nicht aber die Wege, auf einer solchen Karte ließe sich antizipieren, wo Trampelpfade entstehen. Das System der Trampelpfade ließe sich mit weitaus größerer Treffsicherheit voraussagen als das System der vom Architekten geplanten Pflasterwege. Woran liegt das? Das System der Trampelpfade hat eine „rationalere" Struktur; es ist „intelligenter" und als Lösung des Verkehrsproblems eleganter. Ganz offensichtlich wurde aber zur Erzeugung des Systems der Trampelpfade weitaus weniger Intelligenz eingesetzt als zum Entwurf des Netzes von Pflasterwegen. Die „Intelligenz" des Systems der Trampelpfade ist nicht der Intelligenz seiner Erzeuger zu verdanken, sondern deren Faulheit.
Meine Invisible-hand-Theorie dieses Systems ist also folgende: Ich habe eine Hypothese, dass die meisten Menschen sich darin ähnlich sind, dass sie es vorziehen, kürzere Wege zu gehen statt längere. Ich beobachte, dass die gepflasterten Wege dieser Tendenz nicht entsprechen, da sie vielfach nicht die kürzesten Verbindungen zwischen denjenigen Punkten sind, die Universitätsangehörige gehäuft aufsuchen. Ich weiß, dass Rasen an Stellen, über die häufig gegangen wird, verkümmert. Ich nehme also an, dass das System der Trampelpfade die nicht-intendierte kausale Konsequenz derjenigen (intentionalen, finalen) Handlungen ist, die darin bestehen, bestimmte Ziele zu Fuß zu erreichen unter der Maxime der Energieersparnis.
Diese Theorie enthält die drei Stufen des idealtypischen Modells: Es werden erzeugende Handlungsmotive genannt (die Strecke nach Maßgabe der Maxime der Energieersparnis wählen); der Invisible-hand-Prozess besteht im allmählichen Zerstören des Rasens an der häufig begangenen Strecke; die dritte Stufe stellt die dadurch mit der Zeit verfestigte Struktur dar, deren Darstellung ich mir hier geschenkt habe.
Diese Theorie bildet auch, wie gefordert, die drei wesentlichen Eigenschaften eines Phänomens der dritten Art ab: die Prozesshaftigkeit, die Konstitution aus Mikro- und Makroebene und die Tatsache, dass es sowohl Züge eines Artefakts als auch Züge eines Naturphänomens enthält. Die Theorie enthält einen finalen Erklärungsteil, wie es für Artefakterklärungen kennzeichnend ist, und sie enthält einen kausalen Erklärungsteil, wie er für Naturphänomenerklärungen kennzeichnend ist.
Eine Invisible-hand-Erklärung erklärt ihr Explanandum, ein Phänomen der dritten Art, als die kausale Konsequenz individueller intentionaler Handlungen, die mindestens partiell ähnliche Intentionen verwirklichen. […]
Betrachten wir ein Beispiel aus der deutschen Sprache: In unserer Sprache unterliegen Ausdrücke, die dazu dienen, auf Frauen zu referieren, immer wieder der Pejorisierung[1]. Dieses Schicksal hat das Wort „Weib" ereilt, das Wort „Frauenzimmer", und auch an dem Wort „Frau" scheint es nicht vorbeizugehen. Wie kommt das?

1 Pejorisierung, die: (auch: Pejoration): in der Linguistik Wandel, Ableiten einer Wortbedeutung ins Abwertende, Negative.

Vertreter linearen Denkens könnten latente Frauenfeindlichkeit der Gesellschaft hinter diesem Trend wittern, die die einzelnen Sprecher dazu führt, solch ein Wort mit der Zeit immer „ein bisschen pejorativer“ zu verwenden. Aber wie macht man das, ein Wort „ein bisschen pejorativer“ verwenden? Alma Graham postuliert „the tendency in the language that I called ‘praise him/blame her’“.[1]
Die Pejorisierung der Ausdrücke „Weib“, „Frau“ u. a. wurde jedoch nicht durch die Maxime „blame her“, sondern eher durch die Maxime „praise her“ hervorgebracht. Es handelt sich hierbei abermals um ein Mandeville´sches Paradox[2], bei dem jeder stets das Gute will und die Pejorisierung schafft.
In einer Gesellschaft, die, wie die unsere, in höfischer Tradition steht, gibt es ein Galanteriegebot Frauen gegenüber. Männer helfen Frauen in den Mantel, bieten ihnen einen Stuhl an, geben ihnen Feuer und dergleichen. Teil dieses Galanterieverhaltens ist es, dass die Tendenz besteht, Frauen gegenüber oder beim Reden über Frauen Ausdrücke zu wählen, die eher einer höheren Stil- oder Sozialebene angehören als einer niedrigeren. Die Maxime heißt also nicht „blame her“, sondern salopp gesagt „greife im Zweifel bei deiner Wortwahl lieber eine Etage zu hoch als eine zu niedrig“. Das führt mit der Zeit dazu, dass tendenziell das „nächsthöhere“ Wort zum unmarkierten Normalausdruck wird, während das ehedem normale pejorisiert wird. So ist heute in Restaurants die Toilettenaufschrift „Damen“ die normale, während „Frauen“ eher dem Stil öffentlicher Bedürfnisanstalten entspricht. Die Formulierung „Wie geht es ihrer Frau?“ gilt in manchen Situationen als unziemlich; man sollte „Frau Gemahlin“ oder „Gattin“ sagen.
Die genannte Maxime gilt natürlich nur, wenn das Galanteriespiel gespielt wird. Wo dies nicht angesagt ist, kann es nachgerade beleidigend oder peinlich sein, auf Frauen mit dem Ausdruck „Damen“ zu referieren. In dem Satz „die Männer und Frauen, die unschuldige Opfer des Überfalls geworden sind ...“ wäre ja eine Ersetzung durch „Damen und Herren“ geradezu pietätlos. Das heißt, die Wortwahl in diesem Wortfeld hat nichts zu tun mit allgemeiner Hochachtung oder Geringschätzung, mit allgemeiner Höflichkeit oder mit dem objektiven sozialen Stand der betreffenden Personen, sondern damit, ob es geboten ist, das Galanteriespiel zu spielen oder nicht. Somit haben Tennisclubs „Damenabteilungen“; Kliniken haben „Frauenabteilungen“, in denen sich jedoch „Damentoiletten“ befinden. „Damenrechtlerin“ klingt ebenso kurios wie „Frauenwahl“ bei einer Tanzveranstaltung.
Fazit: das Motiv der Galanterie auf der Ebene der Individuen führt auf der Ebene der Sprache langfristig wie von unsichtbarer Hand geleitet zur Pejorisierung. Es handelt sich dabei um eine Form der Inflation. An diesem Beispiel lässt sich nochmals die Frage des Nutzens einer Erklärung mittels der unsichtbaren Hand verdeutlichen. Gesetzt den Fall, meine Erklärung dieser Pejorisierung sei eine gute Erklärung, was leistet sie und was leistet sie nicht? Sie taugt nicht zu einer Prognose über die Bedeutungsentwicklung der Wörter „Frau“ oder „Dame“. Sie erlaubt jedoch die strukturelle Prognose, dass es auch weiterhin zu Pejorisierungen kommen wird, wenn das Galanteriegebot weiterhin in Kraft bleibt. Ob das Galanteriespiel noch lange gespielt wird, hängt von gesellschaftlichen Faktoren ab, zu denen ich mich nicht äußern möchte.
Die Erklärung ist jedoch, wie ich finde, durchaus von diagnostischem Wert. Dieser steigt darüber hinaus in dem Maße, in dem sie durch linguistisch-zeitgeschichtliche Untersuchungen detaillierter und subtiler gemacht wird. Sie gibt uns Aufschluss über einen Aspekt unseres Sprechens, eine seiner Funktionen und deren makrostrukturelle Auswirkungen.
„[...] als Theoretiker wissen wir nichts über die *Sprache* der Menschen, solange wir ihr Sprechen nicht verstehen“, sagt Peter F. Strawson, ein wenig übertreibend. Aber es würde sich nicht um eine Übertreibung handeln, wenn es nicht im Grunde wahr wäre.

Quelle: Rudi Keller: Sprachwandel. Francke, Tübingen 2003. S. 93, S. 100f., S. 107ff.

5 Kreuzen Sie die richtigen Aussagen über Phänomene der dritten Art und Invisible-hand-Prozesse an.

- *Das Entstehen von Trampelpfaden ist ein Phänomen der dritten Art.* ☐
- *Phänomene der dritten Art lassen sich nur final erklären.* ☐
- *Invisible-hand-Prozesse sind Erklärungen für Phänomene der dritten Art.* ☐
- *Bislang handelte es sich bei Phänomenen der dritten Art um ein Mandeville'sches Paradox.* ☐

---

1 *the tendency ...*: die Neigung der Sprache, ihn [den Mann] tendenziell positiv und sie [die Frau] tendenziell negativ darzustellen.
2 *Mandville'sches Paradox*: Das von dem Sozialtheoretiker Bernard Mandeville (1670–1733) beschriebene Phänomen besagt, dass „moralisch zu missbilligende Bestrebungen der Individuen auf der Ebene der Gesellschaft durchaus billigenswerte Auswirkungen haben können“. Mandeville erklärte dieses Paradoxon in seiner sog. „Bienenfabel“ und zeigte auf, dass der Wohlstand eines (Bienen-)Volkes nicht Ergebnis der Tugenden seiner Bürger, sondern ihrer Untugenden und Laster wie Eigennutz, Korruption und Arbeitsscheu ist.

6 Erläutern Sie,
- was eine Invisible-hand-Erklärung ist
- welche wesentliche Eigenschaft ein Phänomen der dritten Art aufweist

7 Erklären Sie, wie die Pejorisierung der Ausdrücke „Weib" und „Frau" erfolgte.

8 Erläutern Sie auf der Grundlage Ihrer Vorarbeiten, was der Text von Rudi Keller zur Frage „Sprachwandel oder Sprachverfall?" beiträgt.

9 **PLUS** Erörtern Sie auf der Grundlage Ihrer bisherigen Überlegungen zum Thema „Sprachwandel oder Sprachverfall?" Leistungen und Grenzen der Sprachkritik.

10 **PLUS** Informieren Sie sich genauer über Rudi Kellers Sprachwandeltheorie, indem Sie z. B. den Artikel „Die ‚unsichtbare Hand' in der Sprache. Eine kritische Betrachtung von Kellers Sprachwandeltheorie" von Francina Ladstätter recherchieren und fassen Sie die Kritik an dieser Theorie zusammen.

Mein Wissen sichern und anwenden

13:53 Tussi	Ich jetzt geh spurlos[1].
13:54 Sara	Bin schon da!
13:53 Tussi	Ich jetzt geh spurlos.
13:59 Roman	Dann wir auch gleich
1:20 Sara	At home and awake?
2:23 Jürgen	SO UM 3,WENN DAS OK ISS

Quelle: Jannis Androutsopoulos/Gurly Schmidt: SMS-Kommunikation. Ethnografische Gattungsanalyse am Beispiel einer Kleingruppe. Zitiert nach: http://www.ids-mannheim.de/prag/sprachvariation/tp/tp7/SMS-Kommunikation.pdf (abgerufen am 08.01.2018).

1 Charakterisieren Sie die Sprache der Kurznachrichten. Erklären Sie, welche Veränderungstendenzen der deutschen Sprache sich daran diskutieren lassen.

Anna Stephan-Odenthal: Anglizismen – Sprachwandel oder Sprachverfall? *04.10.2012*

Die deutsche Sprache hat sich, vor allem bei Jugendlichen, in den letzten Jahrzehnten immer wieder verändert. Diese Tatsache kann niemand leugnen. Nun lässt sich aber darüber streiten, ob man diese Veränderung als Sprachwandel oder eher als Sprachverfall bezeichnen sollte.

Das Thema „Sprachursprung, Sprachtheorie und Sprachwandel" ist für den kommenden Abiturjahrgang im Fach Deutsch sogar abiturrelevant. Darum habe auch ich mich in meinem Deutschkurs damit befasst. Ich hätte wetten können, dass gerade die älteren Sprachwissenschaftler etwas gegen die „neue" Sprache der Jugendlichen haben. Doch falsch gedacht. Einige von ihnen erkennen die Sprache der Jugend als etwas Neues, Kreatives, das nicht negativ belastet ist. Von vielen Seiten kritisiert wird auch, dass die deutsche Sprache immer mehr von Anglizismen und anderen fremdsprachigen Wörtern dominiert wird. Auch dort gibt es geteilte Meinungen. Da Englisch zu den international am meisten gesprochenen Sprachen zählt, ist es eben einfacher, englische Wörter auch in der deutschen Sprache zu verwenden. So weiß jeder, was gemeint ist. Aber verfremden wir unsere eigene Sprache dadurch nicht?

Die deutsche Sprache umfasst geschätzte 300 000 bis 500 000 Wörter. Man sollte also eigentlich davon ausgehen, dass neben anderssprachigen Wörtern noch genügend deutsche übrig bleiben. Und trotzdem: Kampf den Anglizismen. Ich finde es gar nicht so schlecht, dass wir inzwischen viele englische Wörter übernommen haben. „Laptop" hört sich besser an als „Klapprechner". Genauso wie „Handy" anstatt „Mobiltelefon". Wobei „Handy" auch nur als Ersatz für „mobile phone" gebraucht wird.

Gerade heute, in der „Generation Internet", werden vor allem englische Wörter immer wichtiger. So heißt es bei facebook auch, dass man etwas „liket" (dass jemandem etwas gefällt, von: to like). Das Internet wird fast ausschließlich von der englischen Sprache beherrscht. Auch in der Wirtschaft wird fast nur Englisch gesprochen. Wie soll man sich auch verständigen, wenn man international tätig ist? Die englische Sprache ist für die allermeisten die einfachste und beste Lösung.

Nun ist es verständlich, dass die älteren Generationen häufig nicht viel damit anfangen können und sie die deutsche Sprache vor fremden Einflüssen bewahren wollen. Meiner Meinung nach muss man den Einfluss anderer Sprachen, und vor allem der englischen, als eine Art Chance verstehen. Eine Chance, um an den Geschehnissen der Welt, genau wie andere Länder auch, teilhaben zu können und dabei fast alles fast mühelos zu verstehen.

Ich finde das spannend und beeindruckend. Heutzutage muss man die Wichtigkeit der englischen Sprache einfach erkennen und akzeptieren. Dies ist eine Tatsache, die man schlichtweg nicht mehr ändern kann – und die meiner Meinung nach auch nicht verändert werden muss.

Quelle: Anna Stephan-Odenthal: Anglizismen – Sprachwandel oder Sprachverfall? (04.10.2012) Unter: https://www.ksta.de/region/leverkusen/stadt-leverkusen/anglizismen-sprachwandel-oder-sprachverfall--3968060?cb=1618300136303 (Zugriff 13.04.2021, gek.)

2 Anna Stephan-Odenthal stand kurz vor ihrem Abitur, als ihr Kommentar im Leverkusener Anzeiger veröffentlicht wurde. Erörtern Sie ihre Argumentation zum Gebrauch von Anglizismen auf der Grundlage Ihrer in diesem Kapitel erworbenen Kenntnisse.

1 „spurlos" ist der Name eines Cafés.

Epochenübersicht: Literatur seit 1989

Hauptthemen
- Mauerfall
- gegenwärtige Alltagsrealität
- Digitalisierung
- Globalisierung
- Migration

Motive/Schlüsselwörter
- Entgrenzung
- Trash
- Offenheit, Reisen
- Alltäglichkeit
- Konsum
- Identitäts- und Illusionslosigkeit
- Pluralismus

Gattungen/Genres
- Mischung von Genres, Verschmelzung von anspruchsvoller Literatur und Unterhaltungsliteratur (Popliteratur)
- Interaktion zwischen Literatur und Internet
- Poetry Slam

EPOCHENMERKMALE

Konflikte
- Indifferenz, Austauschbarkeit der Werte und Einstellungen
- Beschleunigung ⇄ Entschleunigung
- literarische Tradition ⇄ eigene Standortbestimmung

Sprache/Stil
- Spiel mit dem Leser, Spiel mit literarischen Mustern
- nichtlineare, fragmentarische Erzählweise
- Ironisierungen, Vermischung von Sprach- und Stilebenen
- Intertextualität
- Verwirrung wird zur Methode
- „anything goes"

Figuren
- Erfahrung der Fremdbestimmung
- zerfasertes Ich
- kaum Entwicklung der Charaktere
- keine Helden
- gespaltene Figuren

Kulturhistorische Hintergründe

- 1989 ist das Jahr des Mauerfalls und der Grenzöffnung zwischen der DDR und der Bundesrepublik. Die Zeit ist gekennzeichnet durch einen schnellen Wandel in vielen Bereichen: Der Zusammenbruch der sozialistischen Staaten, der zunehmende Einfluss der Globalisierung, der Einfluss der Massenmedien und der Digitalisierung auf die Wahrnehmung der Wirklichkeit und das Lebensgefühl vor allem der jüngeren Generation, der Verlust von Sicherheiten in den westlichen Demokratien (z. B. Bedrohung durch Terroranschläge) und alten Bildungsidealen führen zu einem tiefgreifenden Wandel von Lebenseinstellungen.
- Neben der Auseinandersetzung mit den Schrecken der nationalsozialistischen Vergangenheit gehören u. a. die Wiedervereinigung Deutschlands, die Auseinandersetzung mit der DDR und der Nachwendezeit zu wichtigen Themenbereichen. Auf Schriftsteller der DDR fiel der Schatten der Stasi-Mitarbeit oder einer zumindest fehlenden kritischen Distanz zum damaligen DDR-Machtapparat.
- In der Literatur lassen sich keine einheitlichen Entwicklungstendenzen festhalten, sie ist gekennzeichnet durch ein breites, oft unübersichtliches Spektrum von Themen und Schreibweisen. Wesentliche Probleme scheinen zudem bereits literarisch dargestellt und werden durch intertextuelle Bezüge oft spielerisch wieder aufgegriffen.
- Literaturauffassung und Darstellungsweisen sind geprägt durch die Postmoderne, die sich von wesentlichen Denkweisen verabschiedet, welche die klassische Moderne bisher geprägt haben: von dem Glauben an einen Fortschritt in der geschichtlich-kulturellen Entwicklung bis hin zu der Erklärbarkeit von Wirklichkeit durch große Theorien. Der Begriff der Identität wird fragwürdig. An seine Stelle tritt ein „zerfasertes Ich".
- Das Internet wird neben dem gedruckten Buch zum neuen Veröffentlichungsort. Es ermöglicht neue Formen des Schreibens und Publizierens (z. B. Wolfgang Herrndorfs Tagebuch-Blog „Arbeit und Struktur"). Der Kulturbetrieb bestimmt wesentlich das Verhältnis von Autor, Leser und seinem Werk: Literaturkritik (auch in Fernsehformaten), Literaturfeste, Kulturförderung, die Medialität, durch die Literatur vielfältig sichtbar und hörbar wird, und nicht zuletzt die Professionalisierung des Schreibens (Schulen und Universitäten bieten entsprechende Ausbildungsgänge an).

Notizen